LA LIBRAIRIE DU XXIe SIÈCLE

Maurice Olender a fondé en 1989 « La Librairie du XXe siècle »
devenue « La Librairie du XXIe siècle », qu'il a dirigée jusqu'en 2022.

Collection
dirigée par Christine Marcandier

Jean-Claude Grumberg

Quand la terre était plate

Éditions du Seuil

ISBN 978-2-02-157870-6

www.seuil.com

Quand tu ne sais pas comment commencer,
commence par le commencement.

Et Yahweh dit à Moïse :

« Que plate soit la terre afin que mon peuple bien-aimé puisse s'y répandre et la parcourir en tous sens. »

Et plate fut la terre
Et dispersé en tous sens le peuple bien-aimé
Avant d'être chassé de partout.

Comment ? Vous ne me croyez pas ? Ça ne m'étonne pas. Au jour d'aujourd'hui personne ne croit personne et tout le monde croit n'importe qui, pourvu que ce soit n'importe quoi. Mais moi, moi, je sais – on me l'a raconté – que je fis mes premiers pas sur le sol hyper-plat de la cour du 34 rue de Chabrol sous le regard émerveillé de Suzanne, ma maman – l'héroïne de ce récit –, et des Maugan, les concierges dudit 34. Madame Maugan, concierge en titre, et monsieur Maugan, chef de quai au métro Gare de l'Est, à deux pas. Sa casquette de fonction, qu'il arborait avec autorité, le faisait passer pour un releveur de compteurs à gaz, ou, certains jours, pour un ex-amiral de la Flotte qui aurait abusé d'autres liquides. Quoi qu'il en soit, la platitude de la cour est confirmée, certifiée, par des témoins de haute valeur morale et par ma propre maman.

Oui, malgré les sceptiques, je puis affirmer que je fis mes premiers pas dans la cour plate, archi-plate du 34, en posant précautionneusement un à un mes deux pieds déjà bien plats pour mon âge, puis, en vacillant légèrement, dans un mouvement inouï, je me mis à tenter deux ou trois pas à la suite, que je terminai dans les bras de Maugan qui me saisit au vol avant que je tombe au sol. Maman et madame Maugan applaudirent alors en criant bravo. Moi, ne sachant pas encore saluer, je me serais mis à pleurer très fort.

Nous étions fin 40, c'était la guerre, la défaite pointait, je venais de naître l'année précédente, en 1939, en pleine paix… Vous ne me croyez toujours pas ? Il vous faut des preuves plus tangibles ? Soit. Alors que le hasard, ce serviteur préféré de Yahweh, guide vos propres pieds jusqu'à la rue de Chabrol, stoppez-les face à la porte cochère du 34. Le 34 dans la rue de Chabrol, vous ne pouvez pas le louper, il fait face au 51 de la même rue. Je sais, je sais, c'est illogique mais c'est ainsi. Le 51 fut le lieu, durant l'affaire Dreyfus, du célèbre « Fort Chabrol » et le siège de « L'Antijuif de France » et du Grand Occident de France. Et afin que nul n'ignore la raison sociale réelle et nécessaire de cet « Antijuif de France », sur un large calicot tendu au second étage de cet « hôtel particulier », on pouvait lire : « Mort aux juifs ! Vive l'Armée ! Vive la France ! » J'ai à disposition de qui le désire tout un lot de cartes postales immortalisant la chose. Bien.

Si par un hasard encore plus fantastique que celui qui vous a conduit jusqu'à ce 34, vous en connaissez le code d'accès, n'hésitez pas, tendez l'index sans trembler et pressez chiffres et lettres. Puis poussez la porte cascher et posez à votre tour délicatement l'un de vos pieds sur le carrelage imitation grès de ce vestibule qui se voulait sans doute, au XIXe siècle, somptueusement cossu. Ce carrelage noir et beige forme des losanges incitant les enfants à sauter d'une île noire à l'autre pour échapper au flot beige. Sur votre gauche, en passant, jetez un œil sur la défunte loge des Maugan réduite à l'état de cagibi. Laissez derrière vous, sur la gauche également, l'escalier A, l'escalier des rupins avec ascenseur, tapis rouge et banc d'acajou à chaque palier. Voilà, vos pieds foulent maintenant le sol de cette cour légèrement hexagonale, là même où je fis mes premiers pas. Constatez de visu à quel point elle est plate. Plate comme Yahweh l'avait voulu. Comment, ça vous étonne qu'elle soit restée plate ? Mais si Yahweh était capable d'ouvrir la mer Rouge pour laisser Moïse et son peuple bien-aimé fuir les Égyptiens, pourquoi n'aurait-il pas été capable de conserver la platitude de la cour sur laquelle J.-C. fit ses premiers pas ?

Bon. Au bout de cette cour, côté gauche, on devine l'amorce de l'escalier B, escalier destiné aux purotins. Pas d'ascenseur, pas de tapis, pas de banc bien sûr, c'est tout juste s'il y a marches et rampe. De l'autre côté, à droite donc, l'escalier C, tout aussi pourri que le B, vous tend amicalement ses marches usées par mes propres petons, ceux de mon frère, Maxime, et ceux de ma maman, dont le prénom était Suzanne mais que tout le monde dans le quartier appelait « madame Maxime ».

Constatez, je vous prie, quatre-vingt-cinq ans après, l'état de cette cour : aussi plate et raplaplate qu'à l'époque, aussi plate qu'elle le fut en 39, en 40, et même en 41. En 45 je l'ai retrouvée, plate encore sans doute, mais le cœur n'y était plus. En 45 donc, je la traverse en titubant. Maxime me tient fermement par la main. De l'autre il porte un petit ballot, nos effets personnels. « On rentre chez nous, on va revoir maman », explique la jeune fille qui nous accompagne. Une de celles et ceux, parmi les Éclaireurs israélites de France, qui pendant toute la guerre préférèrent sauver des enfants comme nous plutôt que de se mettre eux-mêmes à l'abri. Au départ, en 43, ce fut une autre jeune femme, que nous nommions dans la légende familiale « l'infirmière », qui nous fit franchir à Maxime et moi la ligne dite de démarcation, avant de nous laisser à Moissac en passant par Toulouse.

Maxime grimpe les marches presque en courant. Il est impatient semble-t-il. Moi, non. Moi, j'ai peur. Très peur. J'ai peur d'abord de rencontrer celle dont on me parle, cette maman que je ne connais pas. Et j'ai peur également du père, inconnu, qui serait, dit-on, peut-être de retour. J'ai peur, je titube, je traîne mes galoches dans les escaliers. Maxime me tient toujours la main, comme il le fait depuis notre départ. Il me tire. On grimpe vite jusqu'au troisième. Là, sur le palier, on s'immobilise. Maxime montre à la jeune fille la trace sur le bas de la porte, dans le panneau du bas, là où les bottes réglementaires ont fracassé cette porte palière afin de se glisser dans l'appartement pour se saisir de ce dangereux père de famille, repris de justice qui plus est, il venait à peine d'être libéré du camp de Compiègne. Il était debout, en pyjama, face aux flics. D'après Maxime, il pesait à peu près trente-neuf kilos tout mouillé.

La jeune fille indique à Maxime qu'il doit sonner. Maxime lâche enfin ma main et sonne à la porte. Une dame surgit. Elle lève les bras, puis presse ses mains contre sa bouche, puis se jette sur Maxime qu'elle tente d'étouffer. La dame pleure et rit, elle est toute rouge et elle crie. Puis soudain elle lâche Maxime et se jette sur moi. Je me planque derrière mon frère. Elle m'agrippe et tente de m'étouffer à mon tour. Elle me parle. Elle délire. Sa voix pointue de Parigote tête de veau me fait horriblement peur tout en me faisant mourir de rire. Elle pleure, elle crie, elle rit et pleure aussi.

– C'est maman ! C'est maman !

Elle embrasse mes cheveux après avoir fait tomber mon béret qu'elle ne me laisse pas ramasser.

Maxime me pousse dans le dos.

– C'est maman, idiot ! C'est maman ! Embrasse-la ! Embrasse-la !

On entre dans l'appartement. La jeune fille a disparu. « Je ne lui ai même pas dit au revoir », me confiera Maxime quatre-vingts ans après. Elle a disparu, comme ont disparu « l'infirmière », la ligne de démarcation, la guerre, les pères, les mères et quelques enfants. Elle a eu de la chance, elle, elle a récupéré ses deux mioches ! Et nous voilà, tous trois, dans le deux-pièces et demie familial. Dans la première pièce, presque encore sur le palier, dans l'atelier vide de Zacharie, « l'atelier » comme on disait chez nous en famille. Dans la grande pièce, il y a le lit matrimonial, immense, gigantesque, et deux lits, un lit pour Maxime, et un autre, un petit lit pour bébé, un petit lit à barreaux. C'est dans ce lit à barreaux que je me trouvais quand les chaussettes à clous se sont glissées par le bas de la porte palière et qu'ils ont interpellé ainsi Zacharie :

– On ouvre ! On ouvre, monsieur, quand la police française frappe à la porte ! Regardez ce que vous nous avez forcés à faire ! Regardez !

Et désolés, indignés, ils désignent la porte fracassée.

Zacharie s'excusa-t-il ? Prétendit-il ne pas bien connaître les lois de l'hospitalité nationale, n'étant en France somme toute que depuis trente ans ? La légende ne le dit pas, elle dit qu'il leur offrit à boire, un verre de rouge à chacun, que Suzanne servit sur la table de la cuisine pendant que Zacharie s'habillait et se préparait, un petit paquet d'effets personnels comme le lui avaient recommandé les flics qui sont de braves gens. Moi, j'étais dans le lit à barreaux, et un des pandores, tout en sifflant son verre de pinard, nota sur son calepin « un enfant en bas âge ». L'enfant en bas âge, c'était moi.

Le soir même Zacharie était à Drancy et trois jours après…

La Libération advenue, la République victorieuse s'empressa d'honorer les gardiens de la paix parisiens, redevenus républicains il est vrai, par la remise d'une fourragère rouge d'honneur. Était-ce parce qu'ils savaient si bien casser le bas des portes et siffler les verres de rouge ?

Au 34 rue de Chabrol, escalier C, au troisième étage droite, vous ne pouvez louper la porte, il y a une trace dans le panneau du bas. Suzanne, Maxime et Jean-Claude, tous trois de nouveau réunis, se mirent à attendre le retour de Zacharie qui ne devait plus trop tarder, car selon quelques personnes mal informées, la République triomphante allait prochainement rapatrier tous les déportés.

Même les juifs ?

Même les juifs.

Cependant l'attente se prolongea et Suzanne dut se résoudre à vendre le seul bien de valeur en sa possession, la machine à coudre Singer de Zacharie, tout en se torturant à l'idée que sans sa Singer Zacharie ne pourrait se remettre au boulot illico presto comme il avait su le faire en sortant de Compiègne en 42, malgré son état de santé déplorable. Par chance, il lui en fallut, elle trouva une place de finisseuse pour hommes dans un atelier voisin, 26 rue de Chabrol. Plus tard, lassée d'attendre le retour de Zacharie d'on ne savait où, elle fréquenta les bureaux d'état civil et autres lieux susceptibles de lui fournir des renseignements. En guise de renseignement un bureau lui fournit un acte de disparition précisant que Zacharie était parti de Drancy le… en direction de Lublin-Majdanek. Elle avait déjà entendu parler de Lublin mais jamais de Majdanek. Zacharie certifié disparu, Suzanne sollicita alors une pension. Tout le monde à l'atelier et ailleurs, les Maugan y compris, lui affirmant qu'elle avait droit à une pension de veuve de guerre, il suffisait de la demander.

– Ah, mais là, lui dit-on, avec un certificat de disparition on ne peut prétendre à une pension de veuve ! La disparition, voyez-vous, ce n'est pas le décès. Il vous faut un acte de décès en bonne et due forme si vous voulez prétendre à une pension de veuve de guerre.

Rebelote et pas dix de der.

À force de patience et longueur de temps, elle obtint enfin au bout de quelques années un acte de décès stipulant que Zacharie était mort à Drancy. Mort à Drancy ?

En écrivant ce « mort à Drancy », la plume Sergent Major dont la fonction était de remplir de pleins et de déliés les blancs laissés sur ce document, la plume Sergent Major avait réalisé là un coup magistral qui lui valut sûrement une promotion – peut-être devint-elle maréchal ou général ? –, elle avait supprimé, d'un seul coup de plume définitif, les rafles, les trains, le gaz et les fours, et même au passage les bas de porte fracassés. « Mort à Drancy », Suzanne s'en contenta, comme tant d'autres.

Forte de son acte de décès et de son tout récent titre de veuve, elle refit une demande de pension. Nouveaux papiers, nouveau dossier, nouveaux bureaux, nouveaux bureaucrates. Après examen de son dossier, on l'informa qu'effectivement elle aurait bien eu droit, étant donné qu'elle-même était de nationalité française car née à Paris et ses enfants aussi – la plume Sergent Major se délecte et fait des miracles calligraphiques quand elle trace les mots « nationalité française » –, donc elle y aurait bien eu droit si le défunt, le décédé, Zacharie Grumberg avait été lui-même de nationalité française – re-pleins et déliés –, or il apparaît que Zacharie Grumberg était non seulement « sans nationalité », mais également « apatride d'origine roumaine ». En conséquence de quoi il convenait sans doute de demander aux apatrides cette pension, nécessaire et souhaitée, afin qu'elle puisse élever ses enfants réputés rachitiques sous les meilleurs auspices. On lui signala aussi que si Zacharie avait été de nationalité française, il aurait eu droit à la mention « Mort pour la France ». Fermez le ban ! Montez les couleurs ! Et comme la République française n'était pas avare de titres et de compliments, elle fit de Maxime et de

Jean-Claude des adoptés par la nation, ce qui ne leur donnait droit à rien pécuniairement, leur père s'obstinant dans son apatridité d'origine roumaine.

– Hé ! Ho ! Ho ! T'as déjà écrit tout ça sur la Shoah, papy ! Dans *L'Atelier*. Il y a une petite cinquantaine d'années. Souviens-toi !

Oui oui, je radote, je radote. Mais à l'époque de *L'Atelier*, ça ne se nommait pas encore Shoah, ça n'avait pas de nom, pas de nom générique, disons, c'était l'extermination, la catastrophe, l'holocauste, le génocide, la déportation, les chambres à gaz, les fours, les rafles, Drancy, Compiègne, Beaune-la-Rolande, Gurs, les Milles, Auschwitz, Birkenau, Majdanek, Treblinka… Suzanne pour parler de « ça », d'avant la guerre, disons, parlait d'« avant ça ». D'ailleurs soyons précis, elle parlait le moins possible de « ça ». Très peu de gens parlaient de « ça ». On parlait de la Libé, de la Résistance, de l'avenir radieux, du soleil qui se lève à l'Est, des lendemains qui chantent, et du « plus jamais ça » qui devint au fil des décennies une sorte de « vous reprendrez bien encore un peu de rab de ça, non ? ». Moi-même, en vérité, je tente de ne plus trop parler de ça et je passe mon temps de reste à écrire des contes tant il est vrai que les bons contes… Les coups frappés dans les portes des pères résonnent très fort dans les vieilles oreilles de leurs vieux enfants. Mais tout en griffonnant je pense à toi,

Suzanne, je pense à toi, maman, à tes faibles forces, à ta détresse, à ta solitude, à tes angoisses. Je pense à toi et je te revois tirant l'aiguille au 26, à côté de ta camarade de boulot, madame Bella, dont le numéro sur son avant-bras montait et descendait au gré des aiguillées. Je suivais des yeux son numéro, déjà fasciné, happé, je le suivais des yeux lorsque je venais te chercher à l'atelier, le samedi midi en sortant de l'école.

Oui, je sais, je sais ce que vous pensez : vous vous dites ça y est, il est reparti, il nous ressert une pleine louche de bouillon, de son bouillon d'hier, tout en nous disant qu'il ne veut plus en manger. Eh ben non, ce n'est pas du tout de la Seconde Guerre mondiale, de la Shoah et de tout ce que vous voulez, que je veux vous parler, je veux juste évoquer Suzanne. Suzanne, ma maman, car à part tout ce que je viens de dire, elle était frappée d'une autre peine, voilà, une double peine si vous voulez. Elle devait traiter avec les bureaucrates de tous bords en ayant obligatoirement un de ses fils avec elle, au début ce fut Maxime, après, moi.

Pourquoi fallait-il que nous soyons là, même à la Sécurité sociale ? Je me rappelle, près de la gare du Nord, avoir attendu avec elle trois heures pour s'entendre dire qu'il manquait une pièce dans son dossier maladie. Oui, il lui fallait toujours l'un de nous deux auprès d'elle parce qu'elle ne savait ni lire ni écrire, ni en français ni en yiddish. Elle vivait ça dans la honte et le secret. Face à un bureaucrate elle disait qu'elle avait oublié ses lunettes mais que son fils allait lui lire le papier et l'aider à le remplir. Et elle disait ça avec l'accent d'Arletty. Elle écorchait un peu le français, mais pas comme quelqu'un qui traduit du yiddish, comme quelqu'un qui parle un peu mal le français. Cependant elle le parlait si bien, parmi les autres veuves qu'elle fréquentait, qu'on lui proposa de devenir secrétaire d'un groupe de veuves justement, de veuves de déportés, ou même de rescapés, un groupe qui se réunissait une fois par semaine au sous-sol d'un café. On lui proposa donc, puisqu'elle était la plus française d'entre toutes, de devenir secrétaire. Secrétaire ! Elle n'osa pas leur dire qu'elle ne savait ni lire ni écrire, elle cessa de fréquenter le groupe.

Pourquoi, allez-vous me demander – si, si, je le sens –, pourquoi Suzanne, née à Paris en 1907, ne savait ni lire ni écrire ? L'école républicaine n'était-elle pas déjà gratuite et obligatoire ?

– La guerre.

– La guerre ? Elle avait déjà trente-cinq ans à la guerre !

– Pas celle-là, l'autre, la Première, qui ne s'appelait pas la Première à l'époque, c'était la Grande Guerre, la der des ders. Ça vous avait déjà un air de « plus jamais ça », non ? Et pour les socialos pur porc : « la guerre finale ».

C'est la guerre finale, battons-nous et demain
L'Internationale sera le genre humain…

Oui, 14-18. La guerre que Brassens préférait, moi pas. Moi je ne m'y suis jamais senti chez moi. Pourquoi ? Sans doute parce que nous l'avions, nous les gosses, constamment sous les yeux. Le dirlo avait un bras en moins. Sa manche vide était tenue pliée par une épingle à nourrice. Le prof de maths avait une jambe en bois. Au square, on se demandait si pour devenir gardien il fallait se faire couper un bras ou pas, ça nous faisait rire. Et les aveugles, vrais ou faux, avec leurs chiens, qui vendaient des billets de loterie au profit des « gueules cassées ».

J'avais un voisin « gueule cassée ». Quand on se croisait, il posait son index sur son menton, là où la balle lui avait fracassé la mâchoire. « Si mon trou de balle devient rouge, c'est signe de pluie. Allez, bonjour petit ! » Ça le faisait rire.

Et puis le 11 novembre, la fête de la victoire et la célébration des morts au champ d'honneur… Dans les classes, on chantait en leur hommage *La Marseillaise*. Mais pour nous qui ne savions ni où, ni comment, ni pourquoi, ni quand les nôtres étaient morts, sans champ d'honneur, ce chant n'était pas le chant de leur honneur rendu.

Bon, si je continue à gémir en racontant ma vie d'écolier, je ne vais pas réussir à raconter la vie de Suzanne. Allez, on résume, si la Grande Guerre ne fut pas « ma » guerre, elle fut, hélas, déjà la guerre de Suzanne.

Selon l'embryon de légende familiale, un jour de 1914, Baruch, le père de Suzanne, rentrant de la schule très tôt le matin, passe devant la loge de la concierge qui lui crie : « Monsieur Katz ! On arrête les Autrichiens ! » Baruch ne parlait français qu'en yiddish mais il avait saisi au vol le mot « Autrichiens », et le ton de la voix de la concierge ne lui avait pas plu non plus. Il retourne à la schule. Là il tombe sur un Polack qui en sort. Il lui demande, en yiddish bien sûr : « Qu'est-ce qui se passe avec les Autrichiens ? »

Vous voyez, ce qu'il y avait de bien avec le yiddish, c'est que, que vous soyez apatride d'Autriche-Hongrie ou de Pologne, ou de Russie, ou d'Allemagne, ou d'Argentine, ou même de Mandchourie, si vous tombiez sur quelqu'un qui parlait yiddish, vous pouviez tout de suite vous comprendre.

Donc, le Polack confirme, en un bon yiddish de Varsovie, qu'on arrête les Autrichiens.

– Mais pourquoi ? demande Baruch. Pourquoi ?

– Parce que vous êtes ennemis de la France.

– Moi, un ennemi de la France ?!

– Et en plus des espions en puissance, comme Dreyfus.

– Mais puisqu'ils ont dit que Dreyfus était innocent !

– En temps de paix oui, pas en temps de guerre. Moi, je vais te donner un bon conseil, n'attends pas chez toi que la police vienne te ramasser avec ta femme et tes gosses, va tout de suite te mettre en règle, question papiers et tout le tralala, au commissariat du XVIIIe, comme ça tu leur prouveras que tu n'es ni un espion ni un ennemi.

C'est ce que Baruch fit. Et le soir même, tous les Katz – Baruch, Dinah, Suzanne, Gaston et Maurice, leurs trois enfants – se retrouvent bien au frais dans un camp de concentration français. Oui oui, je dis bien un camp de concentration français. Non non, je ne me trompe pas de guerre. Attention, loin de moi l'idée de comparer leur misérable camp de 14-18 avec les nôtres, non, les leurs étaient juste des lieux aménagés à la hâte pour y parquer pendant un mois ou deux les indésirables, les étrangers sans papiers ou avec papiers, mais en tout cas sans pièce d'identité valable.

Il y eut, à la veille de la Seconde Guerre, des camps aussi, en 1938-39, où l'on parqua, entassa, dans des gymnases ou d'autres salles de sport, ou de plaisir, les supposés Allemands, les juifs qui étaient venus se réfugier en France. Par contre, le jour de la défaite, la France offrit ces détenus aux nazis qui les accueillirent avec joie.

Mais enfin, on n'est pas là pour parler de la Seconde Guerre, revenons à 14-18. Dans les camps français on ne faisait aucune distinction entre les juifs et les autres, en 38 aussi, dirons-nous, bon, passons. Les Katz se retrouvent internés dans un camp je ne sais où et je ne sais quand exactement. Comment vivaient-ils dans ce camp ? Je ne sais pas. Qu'y faisaient les enfants ? Je l'ignore. Je sais juste que ce camp était placé sous le contrôle des militaires. Oui, malgré la guerre, des militaires gardaient ces dangereux espions en puissance. Comment je sais ça ? Parce que Suzanne, de temps en temps, aimait me raconter une histoire qui l'avait fait rire dans le camp.

Il y avait là-bas un atelier de tailleur. Baruch y travaillait parmi d'autres, dont un qui n'aimait pas coudre ni à la machine ni à la main. Il aimait la musique, le piano. Il ne vivait que pour jouer du piano. Et il avait remarqué que, dans un débarras qui servait de cachot, gisait un vieux piano. Alors un jour, au passage d'un adjudant, il appela celui-ci tout en le saluant :

– A bajour, môsieur commandante…
– Adjudant !
– Yoyo maïné colonel…

– Vous me ferez huit jours, motif : s'adresse à un sous-officier sans y être invité.

– A groïssé tank colonel et a bajour a madame…

– Quinze jours ! Même motif.

Cinquante ans après, Suzanne en riait encore. Et ça la faisait rire à chaque fois qu'elle me racontait ça. Elle avait sept huit ans à l'époque. C'était une enfant, une petite fille, et j'ai du mal à l'imaginer dans ce camp, parmi ces militaires et tous ces internés. J'ai du mal aussi à imaginer Baruch que je n'ai connu que vieux et bossu. J'ai longtemps cru que sa bosse était d'origine et j'essayais de tirer gloire d'être le petit-fils à la fois d'un aveugle et d'un bossu. Mais un jour, sur la seule photo de famille de cette époque, je vis qu'il avait le dos droit. Il était assis au centre de la photo avec Gaston nourrisson sur ses genoux. Il faisait très chef de famille, il se tenait bien droit. À ses côtés, mais assez éloignée de lui, Dinah semblait fixer l'objectif, mais en regardant bien on voit que ses yeux sont tournés vers quelque chose qui ne lui plaît pas en elle. Elle a l'air égarée. La surdité peut-être, déjà, la coupe du monde. Et tous ces gens autour d'elle qui ne parlent pas yiddish, qui parlent dans une langue qu'elle ne connaît pas et qu'elle ne connaîtra jamais, le frantsouze. Suzanne, seule, debout, quelques pas devant Dinah, fixe l'objectif, attendant, inquiète, le petit oiseau qui doit sortir. Elle a moins de deux ans. La photo a été prise rue Ramey, bien qu'elle semble l'avoir été dans un pays de l'Est, en 1909 environ. Impossible pour moi de me représenter Suzanne à sept huit ans dans le camp en regardant ce bébé endimanché.

Oui, je m'aperçois là à quel point il est difficile de raconter une histoire vraie, surtout quand on ne la connaît pas.

J'imagine que lorsque, en haut lieu militaire on s'aperçut que la guerre risquait de durer un peu plus d'un mois ou deux comme prévu, on prit la décision de faire le ménage dans ces camps où trop de bouches inutiles étaient à nourrir. On décida donc de garder Baruch, qui travaillait comme tailleur dans le camp, et de cesser de nourrir les improductifs, Dinah et les enfants, et de les envoyer vers la ville natale de Baruch et Dinah, Brody, à l'autre bout de l'Europe, de la guerre, des tranchées, des morts.

Les autorités militaires échangèrent-elles Suzanne et les enfants contre des ressortissants français internés dans des camps autrichiens, soupçonnés eux-mêmes d'être des espions ? Ou serait-ce Baruch qui conseilla à Dinah de retourner à Brody plutôt qu'à Paris ? Si j'avais posé en son temps des questions à Suzanne sur les conditions de leur voyage et les raisons du retour à Brody, eh bien, « Mystère et boule de gomme », m'aurait-elle répondu. Elle adorait dire « mystère et boule de gomme » dès qu'on lui posait une question. Je ne lui en ai pas posé beaucoup et c'est pourquoi je ne sais rien. Mais peut-être ne savait-elle rien non plus ? Voilà, je ne sais rien de rien sur cet épisode, mystère et boule de guerre, sinon qu'à la fin des fins la France gagna la guerre et que Suzanne, elle, perdit la sienne en étant privée du bien le plus précieux pour un enfant : le savoir-lire et le savoir-écrire.

Bon, toute honte n'étant pas bonne à boire, autant arrêter de tourner autour du pot : 14-18 ne m'inspire pas du tout. J'ai sans cesse envie de courir me réfugier en zone « nono » ou dans l'escalier C du 34 rue de Chabrol, ou même de me glisser dans la loge des Maugan et d'y attendre que toutes les guerres soient finies. Oui, j'ai beau me triturer le cervelet, rien ne me revient, à part cette anecdote musicale et courtelinesque. Résultat des courses : je ne dors plus, j'enfile des nuits blanches sur des jours gris, avec en prime un monceau de papiers noircis, illisibles, jetés sur tous les meubles de la maison, avec la honte que ce monceau de papelards m'inspire en songeant à tous les arbres qui furent massacrés.

Du coup, après réflexion, et à regret ô combien – on se dit tout, non ? On ne se cache rien – je pris la décision ferme et définitive d'arrêter les frais, de fuir 14-18 et de me replonger en 39-45, là où je me sens chez moi. Stop ! Terminus ! Tout le monde descend ! 14-18 c'est fini ! Suzanne, j'en suis sûr, ne m'en voudra pas, et afin de ne plus avoir à y revenir, je décide illico presto d'officialiser la chose en informant en très haut lieu qui de droit.

« Très cher ami et néanmoins responsable de collection,

Je me vois dans l'obligation d'abandonner le projet dont nous avions convenu, faute d'éléments narratifs et historiques probants concernant la guerre de 14-18 et ces misérables camps français, inconnus au bataillon, camps de concentration soi-disant qui ne peuvent se comparer avec nos camps à nous, universellement reconnus désormais.

En conséquence de quoi, j'abandonne itou l'odyssée de la famille Katz dans son aller jusqu'à Brody et son retour à Paris où, je ne sais comment, Dinah et les enfants retrouvèrent Baruch rue "Kalicourt". »

À regret donc…

– Non !

– Pardon ?

– Non, tu continues.

– Comment ça je continue ?

– Tu continues.

– Mais je n'ai aucun élément, je te dis ! Il n'y a plus de survivant, plus personne sur terre n'a vécu cette époque ! Plus personne ne peut me guider, combler les vides !

– C'est mieux.

– C'est mieux ?

– Ça va t'obliger à imaginer, inventer, rêver.

– Rêver ? Mais je n'ai aucun élément sur leur voyage à Brody ni sur leur internement.

– Pour Brody, le mieux serait que tu les accompagnes.

– Que je les accompagne ?

– Ou que tu les suives.

– Il y a plus d'un siècle que ça s'est passé !

– Dans un livre un siècle peut se traiter en une demi-page, voire en une seule ligne.

– Soit, mais comment les accompagner, ou les suivre ? C'est impossible.
– Emprunte le chemin des contes.
– Le quoi ?
– Le chemin des contes.
– Le chemin des… ?

J'allais me mettre à hurler, protester, m'indigner. Le chemin des contes… et ta sœur ! Mais je sentis que nous n'étions plus connectés. Ensuite je crois que je me suis effondré sur un banc, et je suis resté là, affalé, défait, prostré. Soudain je me suis repris en main, je me suis saisi par la peau du cou, plaqué contre un mur, et je me suis parlé œil dans l'œil, comme jamais auparavant je ne m'étais parlé : « Écoute, mon p'tit pote – oui, je sais, c'est un peu familier, mais voilà, quand je suis énervé je me parle comme ça –, à quatre-vingt-cinq ans je pense que tu es arrivé à un âge où l'on se doit de décider seul, comme un grand, ce qu'on doit écrire ou pas. » Et d'un seul coup d'un seul, je me suis senti délivré. Oui oui, c'est à moi de décider. Alors, délivré d'un poids trop lourd pour mes frêles épaules, libéré pour ainsi dire, ou revigoré comme en sortant d'une douche bien froide – ce que je ne fais plus, craignant de glisser –, je me suis senti libre de nouveau, j'éprouvais comme un désir d'aller user mes godasses sur les pelouses interdites du jardin voisin, histoire de défier la maréchaussée et leurs bottes à clous. Liberté ! Liberté !

En traversant la place du théâtre de l'Odéon en direction du Luxembourg, au coin de la rue Racine, comme il fait beau, je constate que les boîtes de bouquins à cinq euros s'étalent sur le trottoir devant la librairie Le Dilettante. Il faut vous dire que j'aime acheter des livres, c'est mon sport favori, le seul d'ailleurs que je pratique encore, bien que j'aie de plus en plus de mal à lire. Non non, pas à cause de ma vue, non, disons que quand je commence à lire, mon esprit s'échappe et va traîner n'importe où, je pense à autre chose quoi. Malgré ça, j'aime acheter des livres, à cinq euros ou plus évidemment, mais cinq euros pour acquérir un livre à ne pas lire me semble sur le plan économique et bibliographique un achat raisonnable.

Ma main droite, dressée pour, se glisse dans l'une des boîtes et en tire un livre dont le titre et le nom de l'auteur ne me disent rien qui vaille. Ma droite abandonne cet exemplaire et en tire déjà un second dont la couleur de la jaquette me fait frissonner d'horreur. Quoi ? Quoi ? Ce n'est pas parce qu'on achète un livre à ne pas lire à cinq euros qu'il faudrait se priver du plaisir de choisir !

Et brusquement tout ça m'énerve, ça n'est pas un jour à livres. Je me dirige donc vers le jardin et ses pelouses, mes pieds sont déjà partis mais ma main gauche s'attarde et in extremis sort un troisième bouquin. Là je vous laisse souffler un peu. Je sais que vous n'allez pas le croire. C'est l'un des problèmes des histoires vraies, plus elles sont vraies, moins on les croit. Le titre du livre : *Les Camps de concentration français de la Première Guerre mondiale (1914-1920)*. Son auteur : Jean-Claude Farcy. Pan ! Comme vous, je suis sous le choc. Et je murmure, tout en reprenant mes esprits et en soulevant le bord de ma casquette : « Message reçu, cinq sur cinq ! » Si je pouvais, je danserais de joie. Non non, ce n'est pas l'espoir d'en savoir plus sur ces fameux camps de concentration français, c'est le signe, le message envoyé, la preuve que je ne suis pas seul, livré à moi-même, que quelqu'un ou quelque chose, qu'importe, me soutient, me guide, m'encourage et me dit, cette fois d'une manière irréfutable : Continue ! Continue !

Ma décision est prise, je vais continuer, pire, je continue ! Je m'engage à rédiger un chapitre sur le camp et un long et complet récit de l'odyssée – dont j'ignore tout – de Suzanne et des autres Katz sur les routes, traversant la guerre de 14-18 d'ouest en est, et puis revenant de Brody d'est en ouest en retraversant l'Europe. Rien, rien désormais ne me fera reculer. C'est tout juste si je ne lève pas ma main droite ouverte et tendue pour prêter serment face au théâtre de l'Odéon.

Bien sûr je connaissais l'existence de ce livre. Une amie de ma fille Olga, Claire Zalc, historienne distinguée, m'en avait parlé quand je lui avais fait connaître l'histoire de Suzanne enfant. Alors, me direz-vous, pourquoi ne pas avoir cherché cet ouvrage ? Parce que, voyez-vous, je ne suis pas homme à me servir de machines et de trucmuche pour me documenter. Il faut que la docu vienne à moi, me fasse un signe d'encouragement, d'approbation, de soutien. Oui oui, comme ce qui vient de se passer, ce troisième volume qui sort de la boîte in extremis. C'est le message qui compte, ce n'est pas ce qu'il y a dans le livre. Le bouquin est là pour matérialiser le « tu continues ».

Je continue. Serrant le bouquin contre moi, je cours jusque chez moi, enfin je me traîne si vous voulez des précisions. Me voilà au troisième. Mais non, pas escalier C, voyons ! J'ai quitté la rue de Chabrol il y a plus de soixante-cinq ans ! Faut suivre un peu, sinon à quoi bon que Lustucru se décarcasse ! Une fois au logis, je pose *Les Camps de concentration français de 14-18* sur la table du salon qui croule sous les brouillons, et je m'apprête soit à le lire, soit à me mettre à écrire tant mon stylo me démange, quand j'aperçois sur le socle de mon téléphone fixe le clignotant me signalant que j'ai un message.

Que faire ? Lire ? Écrire ? Ou écouter le message ?

« Monsieur Grumberg, bonjour. Si vous êtes le fils de Zacharie Grumberg, veuillez être assez aimable pour rappeler madame Annette Godebois, généalogiste, 06 tatatatatata, il s'agit d'héritage. Merci. »

Quoi ?! Héritage ?! C'est quoi encore, ce gag ?! Et qu'est-ce qu'elle a dit juste avant ? Si vous êtes le fils de… ? Jamais, jamais, croyez-moi ou non, jamais au cours de ma déjà, sans me vanter, longue vie, jamais personne ne m'a posé cette question : êtes-vous le fils de… ? Jamais, où que ce soit, qui que ce soit, au téléphone ou dans la vraie vie, ne m'a parlé de Zacharie autrement qu'en employant les mots : disparu, déporté, gazé, décédé, raflé, mots qu'on emploie rarement entre père et fils.

Et soudain, d'un seul coup d'un seul, je me suis senti submergé par la vague, noyé, dans une colère, une rage… Héritage ! Héritage ! Il s'en est tiré, il a refait sa vie ailleurs, il a laissé maman, Suzanne, dans la merde ! Et aujourd'hui, aujourd'hui qu'il est décédé et elle aussi, il nous balance son héritage à la gueule ! Jamais, jamais je ne toucherai un sou de ton héritage, t'entends ?

Non, non, décidément ça ne va pas, ça ne peut pas aller, il aurait cent vingt-six, cent vingt-sept ans... Même dans la Bible, même quand on s'appelle Zacharie, on ne vit pas cent vingt-sept ans, surtout en passant par Auschwitz. Non, c'est un attrape-couillon pour vieux couillons du troisième âge : pour toucher votre héritage prière de nous envoyer vos coordonnées bancaires avec le code afin que nous puissions vérifier si nous envoyons bien à la bonne personne cette somme si conséquente.

Quand même – « Êtes-vous le fils de Zacharie ? » – pour une blagounette ou une arnaque, c'est gros, non ? Maxime ayant reçu le même message, on a donc téléphoné à la dame. Maxime, à coup sûr, est le fils de Zacharie. Il l'a vu, entendu, connu. Moi, madame, je suis juste fils de déporté. Maxime m'a très peu parlé de Zacharie au fil des années et Suzanne encore moins. Il semble que Zacharie, chez les Katz, n'avait pas la carte.

La dame généalogique nous fait le topo suivant à propos de l'héritage : Zacharie avait un frère, Isidore, votre oncle donc, qui, lui, a traversé la guerre les doigts dans le nez, avec son épouse, que maman appelait Titine. D'après Suzanne, Zacharie et son frère

Isidore s'en voulaient à mort. Ils s'étaient battus peu avant la guerre. Suzanne, semble-t-il, n'aimait pas Isidore, et apparemment encore moins Titine. Elle ne fredonnait jamais *Viens Titine, viens Titine viens* sans rajouter un couplet désobligeant à l'attention de Titine. Isidore et son épouse étaient les seuls, côté famille Grumberg, à s'être sortis intacts de la guerre puisque Naphtali, le père de Zacharie et Isidore, tailleur devenu aveugle, était parti, lui aussi, et que leur sœur avait été raflée également, avec son mari, monsieur Factor. Quant à la mère, l'épouse de Naphtali, elle décéda dans son lit, là où les flics l'avaient laissée. C'est Suzanne qui se chargea en mars 43 de son inhumation dans un cimetière israélite. Elle disait qu'elle avait eu la chance d'avoir un rabbin sous la main au cimetière de Pantin.

Isidore et Titine n'avaient pas d'enfants. Je ne sais qui après-guerre leur donna l'idée de m'adopter, pour prouver sans doute leur générosité. Ils proposèrent la chose à Suzanne qui refusa à hauts cris. Moi-même si j'avais eu mon mot à dire… Alors ils en adoptèrent un autre, orphelin ou non, de mon âge, ou plus jeune, ou plus vieux. Et c'est cet enfant qui venait de décéder. Et, d'après la généalogiste, nous en étions les héritiers directs. Bien sûr, quelle que soit la nature de l'héritage, nous n'aurions, Maxime et moi, rien à faire, et surtout rien à payer. C'est elle-même, la généalogiste, qui transmettrait le dossier une fois constitué à qui de droit, notaire ou Dieu le père. Bien. On signe et on oublie.

La nuit même, je me retrouve face à cette question inédite pour moi : es-tu le fils de Zacharie ? Non, non, je suis le fils d'un déporté, je vous l'ai déjà dit ! D'un déporté sans retour ! Et soudain je me retrouve en blouse et culottes courtes, avec aux pieds les galoches, don de la nation aux pupilles économiquement faibles.

Je comprends vite que je comparais devant le tribunal de la trahison et de l'oubli. « Tu honoreras tes père et mère », c'est écrit au-dessus de la tête du juge qui a une binette que je crois reconnaître, le genre de type que je ne supporte plus de voir dans ma glace quand je tente de me raser.

Le juge s'adresse à moi, il n'a pas l'air méchant, il a plutôt lui aussi la binette d'un coupable :

– Vous vous accusez de n'avoir rien fait pour sortir votre papa, Zacharie Grumberg, de l'anonymat des six millions. Vous prétendez n'avoir fait aucun effort pour lui donner forme humaine, pour le rendre vivant, ne serait-ce que sur papier. Pourtant je vois là dans votre dossier que vous avez commis un livre dont le titre me semble explicite : *Mon père, inventaire*.

J'approuve tout en baissant la tête, et je précise :

– Ce livre est bourré de fausses informations.

– C'est-à-dire ?

– Je venais de perdre mon œil droit, le gauche était menacé, et ainsi je ne cessais de penser à mon grand-père – le père de Zacharie – tailleur devenu aveugle. Bien qu'ayant les dates et les documents devant les yeux, je me suis forgé une histoire qui ne recouvrait aucune réalité. J'ai imaginé que Zacharie et Naphtali avaient été raflés quasiment ensemble en tant qu'apatrides d'origine roumaine, si bien que Zacharie se serait trouvé à Drancy aux côtés de Naphtali, qui ainsi n'aurait pas été seul à Drancy, et Zacharie aurait pu le soutenir, l'assister jusqu'au moment du départ, par le convoi 45, fin décembre 42. Zacharie, lui, est parti dans le 49, deux mois après. Il y eut même un temps où j'imaginais qu'ils étaient partis ensemble, dans le même convoi, si bien que le père aveugle aurait pu être assisté par son fils. Bien sûr je plaignais Zacharie, mais en tant que borgne mon devoir était de soutenir Naphtali. Ce Naphtali que je connaissais encore moins que Zacharie qui, lui, fut repris fin février 43.

Au milieu de la nuit, je me mets à pleurer, sans doute pour me faire prendre en pitié par le juge qui me dit que ma peine est commuée en vie longue et solitaire. Je proteste, ce n'est pas assez comme sentence. J'ai trahi mon père, j'ai collaboré avec ceux qui l'avaient éliminé, je l'ai éloigné de moi, je ne lui ai pas rendu honneur, je n'ai fait de lui ni mon père, ni même le mari de Suzanne.

Maxime m'a dit, quatre-vingts ans après, que ça ne marchait pas très bien entre Suzanne et Zacharie, qu'ils se disputaient souvent à cause de l'argent. Papa était un joueur, me dit-il. Un joueur aujourd'hui, ce n'est rien, tout le monde joue, gratouille, parie, bidouille sur son petit téléphone, on joue, on joue. À l'époque un joueur, c'était la honte. Un joueur devait être mis au ban de la société. Un joueur, à moins qu'il ne fût très riche, voulait tout son pognon afin de jouer, et donc ne voulait jamais donner d'argent pour acheter à manger, et maman, d'après Maxime, voulait absolument nous acheter à bouffer, alors ça gueulait sec à la maison.

Cela m'a rappelé une historiette que Suzanne m'avait racontée il y a bien longtemps. Elle m'avait dit que la veille de leur mariage, qui était un mariage arrangé, vous l'aviez compris, un oncle à elle, un imbécile, lui avait annoncé que Zacharie était un joueur.

– Trop tard ! lui avait-elle répondu.
– Trop tard pour quoi, maman ?
– Pour ne pas me marier.
– Quoi ? S'il te l'avait dit plus tôt, tu ne te serais pas mariée avec papa ?
– Bien sûr que non, c'était un joueur.

– Mais maman, si tu n'avais pas épousé Zacharie, je ne serais pas là, et Maxime non plus.

– C'est vrai.

– Maman, moi je suis heureux d'être là, d'être ton fils.

– Moi, j'attendais une fille.

– C'est-à-dire ?

– Je voulais une fille.

– Mais pourquoi, maman ?

– Parce qu'une fille ça t'aide, une fois vieille, on aurait partagé le boulot. Une fille, pour une mère, c'est bien mieux qu'un garçon. Et puis à l'époque où toi t'es né, ça n'allait pas tout à fait comme quand Maxime est né.

– À cause du pognon ?

– Ouais, à cause du pognon.

Je pense que les choses ont évolué entre eux lorsque Zacharie a été libéré du camp de Compiègne pour raison médicale. Il est revenu au 34 très fatigué, diminué, et là j'ai l'impression que maman et lui se sont mieux entendus. Malgré son état de santé déplorable, il s'est remis au boulot immédiatement, et c'est maman qui livrait et qui allait chercher le boulot, du coup c'est elle aussi qui touchait le pognon et donc qui tenait les cordons de la bourse. Et lui, ne pouvant plus jouer dans les cafés ou dans les endroits habituels, lui demandait un peu d'argent de poche pour jouer avec ses copains dans la cuisine.

Papa, enfin Zacharie, lui avait dit en sortant de Compiègne que là-bas il n'y avait que des costumes trois pièces sur-mesure, des toubibs, des avocats, des juges, et même des patrons de grandes entreprises, tous israélites, et qu'à la fin de la guerre, comme il avait fait ami-ami avec beaucoup d'entre eux, il aurait une clientèle de sur-mesure inouïe et que tout irait enfin comme sur des roulettes.

La meilleure preuve que ça allait mieux, c'est une confidence que maman me fit beaucoup plus tard :

– Quand ton père a été repris, en 43, je me suis aperçue que j'attendais une petite fille.

– Quoi ?!

– J'attendais une petite fille.

– Non ?

– Et je l'ai fait passer, comme une idiote. Aujourd'hui j'aurais quelqu'un pour m'aider.

– Mais maman, comment tu sais que ça aurait été une fille, ça aurait très bien pu être encore un garçon ?

Je me souviens très bien de sa grimace de dégoût.

– Encore un garçon ! Berk !

Voilà la vie, tu te sens touché par la grâce d'un message en forme de bouquin à cinq balles, t'arrives chez toi prêt à te remettre au boulot, et tu te prends en pleine tronche un message téléphonique qui te replonge la tête dans le sac aussi sec !

Bon, calmons-nous, *caaaalm*, disent les Anglais.

Revenons à Suzanne qui regrettait de ne pas avoir une fille pour l'aider dans ses vieux jours, ce qui lui aurait permis, pensait-elle, de rester jusqu'au bout dans son deux-pièces et demi escalier C.

– Mais même les Maugan, maman, ont fini par quitter le 34 !

– Les pieds devant, c'est vrai.

– Madame Maugan t'avait dit que si elle partait la première, Maugan cesserait de s'alimenter et se mettrait à boire jour et nuit des litrons de onze-degrés de chez Paris-Médoc. Tu ne l'avais pas crue. C'est pourtant comme ça que ça s'est passé. D'abord il a été mis à pied du métro. Il n'était plus chef de quai ni de rien, du coup il n'avait plus le droit de porter sa casquette d'amiral, alors il s'est mis à boire du matin au soir et du soir au matin, tout en lavant la cour à grande eau jour et nuit, casquette sur la tête. Et puis il a rejoint madame Maugan, six mois après son départ. C'est ça, un couple uni.

Un jour, à ton tour, t'as plus pu grimper tes trois étages escalier C. Alors Maxime, le chef de famille, à défaut de quai, t'a trouvé un petit appartement tout confort dans le XVIIIe, au septième, avec ascenseur s'il vous plaît. Mais toi, tu t'y es pas sentie chez toi.

– Qu'est-ce que je fous là ?
– T'es chez toi maman.
– Chez moi ?
– Dans ton nouveau chez-toi.
– Mais qu'est-ce que je fous dans mon nouveau chez-moi ?
– Tu regardes la téloche.

Elle regardait la télé. Mais un jour elle s'est mise à tomber. On la retrouvait, Maxime ou moi, sur la moquette.

– Depuis combien de temps t'es comme ça, maman ?

– Est-ce que je sais, moi ?

Elle ne tenait plus debout. Elle nous répétait qu'au 34 elle ne tombait jamais. Alors Maxime a engagé une dame du quartier pour la ramasser au cas où. Mais la dame s'est mise à tomber elle aussi, chez elle, et comme elle avait pas le téléphone, on savait jamais si elle allait venir ou pas. Un jour elle t'a dit que pas tout le monde a la chance d'avoir un fils qui peut payer quelqu'un pour la ramasser quand elle tombe. Son fils à elle était fauché. Alors Maxime, à l'arraché, a dégoté une pièce, en rez-de-jardin, dans une maison où le personnel était formé justement pour ramasser ceux qui tombent. Si elle avait eu une fille, pensait Suzanne, elle aurait encore été au 34, dans son deux-pièces et demi avec ses deux fenêtres sur cour.

– Non mais où tu vas comme ça ? Ça va pas, ça ! C'est pas du tout ce que tu dois raconter, tu dois raconter ce qui se passait dans les camps français de 14-18, point à la ligne.

Zacharie, lui, aura connu deux camps français – peut-on dire français ? –, Compiègne et Drancy. Son père, Naphtali, tailleur devenu aveugle, ne sera resté que deux trois jours dans le noir à Drancy, avant de partir pour une destination inconnue, particulièrement inconnue de ceux qui vous y expédiaient. « On ne savait pas ! On ne savait pas ! On ignorait la destination et le but du voyage. Sinon, pensez… Il y avait des enfants, des bébés même, des malades, des infirmes, des vieux, des jeunes, et même des aveugles. C'était difficile de faire monter tout ce petit monde dans des wagons qu'étaient même pas faits pour ça ! C'était dur, très dur. Et puis on n'avait rien à bouffer, rien à bouffer. On avait faim ! »

Oui oui, je sais, je sais, je m'égare, je ne dois plus parler de ça. De quoi je dois parler ? Oui oui, le livre, le livre… Il est gros, trop gros pour mon âge. Ce qu'il a de vraiment chouette, c'est que dès que tu l'ouvres, tu tombes sur une carte de France où sont indiqués les lieux et places des soixante à soixante-dix camps répartis sur tout l'ouest du territoire, loin des lignes, des fronts, des tranchées, de la boucherie en plein air. Aucun camp français à l'est, ni au nord d'ailleurs.

À Paris et dans sa région, rien, pas de camp, pas de camp. Les camps, loin du front, loin des cœurs, afin que les ennemis de la France, les espions, les internés sans patrie ni papiers, comme Dinah, Suzanne, Gustave, Maurice, ne puissent communiquer aucun secret militaire à l'ennemi.

Bon. Dans lequel des soixante à soixante-dix camps les Katz ont-ils été fourrés ? « Mystère et boule de gomme », aurait répondu Suzanne si j'avais eu, enfant, la présence d'esprit de lui poser la question. Elle adorait me répondre « Mystère… ». Quelle que soit la question, c'était « Mystère… ». Un jour pourtant elle répondit clairement. Elle se frottait le dos en geignant, ce qui n'était pas dans ses habitudes.

– Qu'est-ce que t'as, maman ?
– J'ai mal au dos.
– Pourquoi t'as mal au dos, maman ?
– À cause de mes rhumatismes.
– Pourquoi t'as des rhumatismes, maman ?
– Parce que j'ai trop souvent dormi dans des endroits humides.
– Des endroits humides ?

Ces endroits humides auraient dû me mettre sur la trace de la réalité de l'inconfort de son enfance. En tout cas ce sont ces endroits humides qui lui ont sans doute collé cette peur que je finisse sous les ponts, ou pire, dans le ruisseau.

Dans le livre de Farcy, j'apprends qu'on a séparé les sexes dans tous les camps, y compris ceux dits « familiaux ». Baruch ainsi avait dû dormir dans un dortoir pour hommes, Suzanne et les enfants, eux, dans un dortoir familial. Ainsi séparés, ils ne purent s'échanger sur l'oreiller les secrets militaires qu'à coup sûr le contre-espionnage teuton aurait réussi à intercepter dans leur sommeil.

À part ça, trêve de plaisanterie, je n'arrive toujours pas à imaginer que Suzanne, petite fille de huit neuf ans, n'ait pas croisé dans ce camp un humain disposé à lui inculquer les rudiments de lecture en français, en yiddish, ou même en allemand.

Bon, la guerre continuant à prospérer sur tous les fronts, cela incita les hautes autorités militaires des deux camps, pardon des deux côtés, à faire des économies de frais de bouche. Pourquoi continuer à nourrir Dinah, Suzanne et ses frères ? Gardons Baruch au travail, il y a tant de vareuses à ravauder, tant de trous de balle à stopper dans les tuniques !

Farcy laisse entendre, mais peut-être n'ai-je pas bien lu, que les familles, les bouches inutiles, disons, des camps français furent échangées contre les familles d'origine française internées dans les camps allemands ou autrichiens. Soit. Mais pourquoi avoir envoyé les Katz à Brody ? Pourquoi pas chez eux, à Paris, rue « Kalicourt » ?

– Quoi ?! Vous voulez vraiment que les Boches gagnent cette guerre ! Paris était la plaque tournante de l'espionnage international et teutonesque ! Souvenez-vous, Dreyfus et sa clique, avec leurs faux nez et leurs mains crochues !

Pour ma part, ou plutôt pour celle de Dinah, je crois qu'elle ne fut pas mécontente d'être refoulée vers Brody, sa ville natale ainsi que celle de Baruch. Peut-être allait-elle y retrouver de la famille, et surtout sa langue, une langue humaine, pas comme le frantsouze dont elle ne comprenait pas un mot. Elle allait retrouver son yiddish. Je vous ai déjà dit à quel point le yiddish était une langue vivante, formidablement vivante.

Seul inconvénient, minime, Brody, leur ville natale, était la plus septentrionale des villes d'Europe, à la frontière de la Galicie et de la Russie des tsars. En 1918, après la guerre donc, elle fut traversée par des cohortes de réfugiés fuyant la révolution et son drapeau rouge ainsi que les pogroms refleurissant en Russie, en Ukraine, en Pologne, enfin partout. Bientôt la Pologne et l'Ukraine s'affrontèrent pour la possession de la Galicie. Plus j'y pense, plus je me dis que pour parvenir à Brody, d'où que l'on parte dans l'ouest de la France, il fallait, dans ces années-là, 14-18, traverser la guerre, les lignes, les fronts, les tranchées, les monceaux de cadavres, sans compter les quelques pogroms à l'Est dont je viens de vous parler.

Bon, n'y pensons plus, soyons positifs.

Farcy dit que les travailleurs, dans les soixante à soixante-dix camps, pourvu qu'ils soient volontaires, eurent droit à un salaire, modeste sans doute, mais un salaire quand même. Je suis soulagé à l'idée que Baruch ait pu donner un peu d'argent à Dinah afin qu'elle et les mômes ne meurent pas tout de suite de faim pendant le voyage.

Pardon, à mon tour j'ai mal au dos. Si vous permettez, je vais me lever et aller me faire un thé puis je vais me rasseoir dans mon fauteuil, cette fois pour jeter mon œil sur la presse du jour. Je sais déjà quels gros titres je vais y trouver : guerre, guerre, guerre.

Petite remarque personnelle et privée : à mon âge on ne fait plus de petit somme l'après-midi, ou à toute heure du jour, non, on a plutôt quelques brefs moments d'éveil dans la longue sieste que sont devenus nos jours. Il n'y a réellement que la nuit qu'on reste sans dormir avec de brèves périodes de somnolence rêveuse ou cauchemardesque. À la radio je saisis une info au vol : on rend hommage aux résistants sans papiers ni frontières devenus soudain d'apatrides patriotes. Bon, j'ai peur de me mélanger les pinceaux avec toutes ces guerres dans ma tête. Il est grand temps de me poser la question : suis-je présentement plongé dans le sommeil ou vautré dans l'éveil ?

Soudain alerte rouge, un message, un nouveau message me frappe l'occiput : « Dans un conte, le temps, les siècles, les jours, les nuits, rien n'existe, pas plus que l'espace, les territoires, les frontières, les tranchées, les trous d'obus et même les morts, rien. Rien n'existe. Seul ton crayon doit créer tout un monde sur-mesure, à ta mesure. Il n'existe pas de prêt-à-porter dans les contes. »

Bon, mais d'abord vérifions, est-ce que j'ai bu mon thé ?

Me voilà comme un microscopique Hugo Victor, ne croyant avec lui ni à Dieu ni à diable, mais prêt à faire tourner les tables pour espérer récolter le moindre signe venu de je ne sais où, le moindre message venu de je ne sais qui.

Et là j'entends comme un piétinement furtif sur mon paillasson devant la porte palière. Avec précaution je gagne la porte que j'ouvre brusquement. Personne. Mais une impression d'optique me trouble, je ne suis plus sur mon palier, je suis sur celui du troisième, escalier C. Mon paillasson s'est réduit. Le palier s'est réduit. Un sac en papier fatigué trône sur le tapis. Un voisin mal intentionné m'aurait-il déposé un échantillon de ses ordures ménagères comme message subliminal ?

Le sac a un nom : Félix Potin. Du bout des doigts je l'ouvre et je découvre une paire de croquenots. Pas de ceux que la République généreuse offrit à ses adoptés nécessiteux, non, des godillots, disons, *les godillots sont lourds dans l'sac*. J'en tire un. Ça a plutôt l'air, en fin de compte, d'une botte à lacets.

À l'intérieur, sur l'envers du cuir, un mot : Guérande. Un chiffre : 1915. Farcy signale qu'il y avait un camp à Guérande et qu'on y fabriquait des chaussures et des bottes pour l'armée. Je sors l'autre, on a tenté d'effacer une inscription, mais je peux encore la déchiffrer : « Brigade spéciale 1942 Brigadier… » Le nom est gratté, illisible.

Putain ! Ça, ça n'a plus l'air d'un message, c'est un ordre !

Malgré mes quatre-vingt-cinq ans, je dévale à fond la caisse les trois étages escalier C. Agile comme un cabri, vif comme un colibri, je vole. À mes pieds j'ai chaussé les bottes règlementaires des ogres assermentés. Derrière moi, outre les murs qui s'écaillent, je laisse la porte mal réparée.

– Madame Groumebergue, en l'absence de votre défunt mari, vous êtes la locataire désormais du troisième étage droite, escalier C, c'est donc à vous qu'il convient de payer les frais de remise en conformité de la porte palière du troisième droite escalier C, car il convient pour le standing de la maison que toutes les portes palières soient identiques, sinon…

Ce gérant fut l'un des tourmenteurs de Suzanne, lui réclamant, outre les frais de remise en conformité de la porte palière, les mois de loyer des années de guerre non réglés. Suzanne, accompagnée de Maxime, lui fit valoir qu'une loi dispensait les femmes de prisonniers du paiement de ces loyers de guerre.

– Mais, chère madame Groumebergue, votre époux, ce défunt Zacharie Groumebergue, si je ne m'abuse, ne fut pas prisonnier de guerre mais bel et bien déporté, donc…

Et que je t'envoie du papier timbré, des lettres d'expulsion prochaine avec accusé de réception. Suzanne n'en dormait plus. Elle nous voyait déjà tous les trois à la rue, sans domicile, dormant dans le ruisseau. Le ruisseau était sa crainte. Maxime mit fin à ces lettres d'expulsion en payant les loyers de guerre avec ses premières payes. Il regrette encore de ne pas lui avoir plutôt cassé la gueule !

Allez, abandonnons et oublions ce rapace bâfreur de vieilles quittances. Il n'a sa place dans aucun conte. Je ne sais où les bottes m'entraînent à la vitesse grand V. Elles m'ont fait franchir la cour du 34 – plate ou pas, tout le monde s'en tape –, on est déjà dans le XVIIIe, entre les rues Caulaincourt et Clignancourt, qui, tout le monde le sait, s'appellent toutes deux, c'est pratique, ri Kalicourt.

On va droit vers l'Est. Bientôt je crois apercevoir les tranchées, les charniers, les lignes comme ils disent, et je perçois même comme des rumeurs de guerre et de caf' conc' mélangées. *La Madelon vient nous servir à boire… La victoire en chantant nous ouvre la barrière…* et *Ma mi mimi ma mi mimi ma mitrailleuse*, celle que je préfère, qui se chante sur l'air de *Ma Tonkiki ma Tonkiki ma Tonkinoise*. Le tout entrecoupé de cris de douleur, de sanglots, de prières et de sonneries aux morts, tous ces bruits qui n'ont rien à faire dans un conte qui se respecte. Mais peut-être ne sont-ce là que les échos de nos petites guerres contemporaines qui aspirent elles aussi à devenir grandes, voire der des ders mondiale par extinction de l'espèce.

Ce qu'il y a de chouette dans les contes, sans compter que ça fait voir des pays où on n'aurait jamais eu l'idée de mettre les pieds, même chaussés de mocassins, c'est que ça rend les guerres fraîches, joyeuses, et belles également.

Suzanne, quelques jours ou quelques semaines avant la libération de Paris, a suivi les Maugan sur le toit du 34 pour voir les illuminations produites par un bombardement anglo-saxon sur l'une des dernières positions teutonesques en proche banlieue. Du toit ils purent voir le ciel passer du rouge sang au violet violent, puis s'illuminer soudain, se briser, se déchirer, et enfin les incendies se répandre. On voit les flammes, on voit les immeubles brûler, « C'est beau », murmure alors madame Maugan subjuguée malgré elle, « C’est beau, mais ça fout le trou du cul à zéro », précise Maugan.

Quand Suzanne m’a-t-elle raconté ça ? Un soir pour m’endormir, plutôt que *Le Petit Poucet* dont elle ignorait tout ? Ou que *Le Chat botté* qui s’est fait payer par son maître des bottes sur-mesure ? Il est vrai qu’il n’y avait pas de bottes de chat en prêt-à-porter sous Louis XIV. On ne peut pas tout avoir, y compris constamment le trou du cul à zéro.

Je vois la guerre en panoramique, c'est vrai que c'est beau, et je sens même comme des relents de gaz. Non non, pas celui auquel vous pensez, je veux parler du petit gaz moutarde des familles. Ce gaz qui rendit aveugle Adolf, qu'un médecin juif aida à retrouver la vue, dit-on. Oui oui, je sais, on dit les juifs intelligents, ils obtiennent beaucoup de prix Nobel, mais il faut quand même reconnaître qu'il y a aussi parmi eux de sacrés cons, surtout parmi les toubibs.

Où sommes-nous, les bottes et moi ? Encore en France ? Ou déjà de l'autre côté des lignes ? L'échange entre les Katz et les Dupont-Durand a-t-il déjà eu lieu ? Si toutefois il devait avoir lieu. J'entrevois peu à peu le nombre de questions que je n'ai jamais posées à Suzanne.

La guerre défile sous les bottes quand, tout d'un coup, je suis saisi d'une trouille intense. Et si ces bottes – ô combien douteuses ! – ne me menaient pas vers les Katz par le chemin des contes mais voulaient me perdre sur le sentier de la guerre ? Dans la Forêt-Noire où les galonnés, les médaillés des deux camps se régalent de chair à canon fraîchement tombée au champ d'horreur.

Et soudain, ouf ! J'aperçois les Katz au loin. Je hurle de joie. Ils marchent avec un groupe de sans patrie ni frontières. Dinah marche en tête, Suzanne la suit, puis c'est Gaston et Maurice parmi un groupe de gamins. Ils chahutent en marchant, ils rient, tout en se plaignant qu'ils sont fatigués.

J'arrive ! J'arrive !

Quel humain sur terre résisterait à la possibilité qu'offre ce conte de prendre la main de sa maman redevenue petite fille et de marcher avec elle, main dans la main ! Alors je prends ma grosse voix et j'ordonne aux bottes : « Je veux marcher avec les Katz ! Déposez-moi près d'eux ! C'est un ordre ! Exécution ! » – je sais comment parler aux bottes.

Mais celles-ci, tout en stoppant net, me font sentir douloureusement, par compression des gros orteils, que pas plus qu'elles ne pourront, à la faveur d'une autre guerre, casser des portes palières vingt-quatre heures sur vingt-quatre, elles ne peuvent présentement courir jour et nuit après des apatrides étrangers sans papiers, ce qui d'ailleurs serait contraire aux termes mêmes de leur convention collective obtenue après des années de lutte syndicale. Vu mon passé d'adepte des lendemains qui chantent, je ne peux qu'en convenir et me résoudre à m'assoupir un instant, un instant afin qu'une fois délacées ces bottes syndiquées puissent jouir de leur repos quotidien et mérité.

Toutefois, de la colline où nous sommes, je continue de suivre des yeux les Katz qui marchent parmi ce groupe de réfugiés composé essentiellement de femmes et d'enfants. À la nuit tombante, je les vois, sous une lune bienveillante, s'allonger au cœur d'une ville, sur une place, leurs ballots d'effets – dits personnels – leur servant de literie.

De cette soirée sur cette place, je ne sais où et je ne sais quand, Suzanne a rapporté une petite histoire qui pendant des années a résumé pour moi leur odyssée. La nuit tombe, donc. Les dames du cru rôdent autour de ces femmes et de ces enfants misérables, affalés à même le pavé, les dévisageant comme des bêtes de foire. L'une d'elles, plus audacieuse, s'approche de Suzanne et lui ordonne d'ôter son fichu afin qu'elle puisse vérifier de visu si les Allemands et les Alboches ont bien, comme beaucoup de gens le disent, la tête carrée. Suzanne ne se laisse pas démonter et précise qu'elle n'a pas la tête carrée car elle n'est ni alboche ni allemande mais juive. « Juive !!!, s'écrie la dame en se signant. Alors montre-moi tes pieds fourchus ! »

Les pieds fourchus ont charmé mon enfance et m'ont obsédé, adulte. Non non, rassurez-vous, nous n'avons pas ripé dans un de ces contes moyenâgeux, ni dans un de ces pays imaginaires ou exotiques, non, nous sommes bien quelque part en Europe, en 1916 ou 1917, avec nos pieds fourchus et sans doute de courtes cornes cachées sous les fichus ou les casquettes. En Suisse peut-être ? La Suisse, au cours des deux guerres mondiales, a toujours su se montrer à la hauteur en ce qui concerne l'échange des internés d'où qu'ils viennent et où qu'ils aillent.

Mais regagnons l'endroit où les bottes m'ont contraint au sommeil. Le jour se lève, je me réveille en sursaut et je jette un œil au loin sur la place. Enfer et damnation ! Misère et miséricorde ! Elle est envahie par des fruits et légumes, chevaux et carrioles, c'est jour de marché. Hélas, mille fois hélas, j'ai définitivement perdu les Katz cette fois. Où aller ? Où les chercher ?

Les bottes, une fois relacées en hâte, dressées qu'elles sont à courser les sans-logis et les sans-papiers, en quelques enjambées par-dessus bois, champs, collines et ruines – un magnifique champ de ruines garni de trous d'obus et de tranchées abandonnées –, les bottes donc, en deux temps trois mouvements, me font retrouver Dinah, Suzanne, Gaston et Maurice, qui marchent seuls maintenant, et vite, pressés qu'ils sont de rejoindre Brody.

Brody, aujourd'hui, selon certains, serait devenue sous le nom de Brod un paisible village au cœur de l'Ukraine. Les Katz arrivent à Brody, devinez quand ? En 1918. En 1918, oui, la guerre est finie. Comment s'appelle le pays quand ils arrivent à Brody en 1918 ? Autriche-Hongrie ? Galicie ? Pologne ? Ukraine ? Biélorussie ? Ou peut-être que ces pays-là n'existent plus ? Brody se trouvant dans un coin de la carte où selon les saisons, le sens des vents, les défaites des nations ou leurs victoires, les pays changent de nom. Et ça va continuer.

Ah, cette fois je vais pouvoir les rejoindre ! J'ordonne aux bottes de se rapprocher, mais attention, si c'est la paix à l'Ouest, la guerre reprend à l'Est. La jeune république des Soviets est attaquée par les puissances qui viennent à peine de gagner ou de perdre la guerre. Ces puissances unies de nouveau se battent de nouveau. Et puis à l'Est, les pogroms, les pogroms s'ajoutent à la guerre. Tout le monde veut sa part. Sur qui taper ? Qui piller, voler en toute légalité ?

Dinah à Brody doit choisir : rester là dans le yiddishland familial, amical, ou retourner en France rejoindre Baruch, ou attendre que Baruch les rejoigne ? Ils n'ont plus de contact depuis des années. Est-il seulement encore en vie ? Dinah se retrouve, comme Suzanne durant la Seconde Guerre mondiale, sans nouvelles de son mari, mais elle, elle a ses enfants avec elle. Dinah resterait bien, j'en suis sûr, mais les enfants eux veulent rentrer à Paname, Paris, Paris !

Je les vois rôder dans Brody en guerre. Ça y est, les Polacks, les Ukrainiens, les ex-Autrichiens s'affrontent pour la possession de la Galicie et, de temps en temps, les soldats sans solde font quelques petits pogroms par-ci par-là, histoire de reprendre ce que les youpins leur auraient volé. C'est une loi de la nature, il faut s'y faire : partout où il y a des juifs, il y a des pogroms. Et dans ce coin il n'y a pas que les pogroms qui soient permanents, la misère aussi l'est, avec sa cohorte de camarades qui l'accompagnent partout : le froid, la faim, la peur, la prière et la mort.

Dans le shtetele où Dinah et ses enfants se sont arrêtés pour se reposer d'avance des fatigues du retour pas tout à fait chez soi, Dinah aide sa cousine Toba, et Suzanne aide Dinah à aider la cousine Toba. Pendant ce temps Gaston et Maurice vont au heder. Je les suis le moins vite possible malgré l'impatience de mes bottes douteuses qui enfonceraient volontiers quelques portes dans ce shtetele bourré de youpins.

Le heder est une sorte d'école primaire où un instituteur, primaire lui-même, un melamed, est censé enseigner aux enfants – pardon, aux garçons, les fillettes n'ayant nullement besoin d'apprendre quoi que ce soit, les bébés sortant tout naturellement, quant à servir à table… –, le melamed donc est censé fournir aux garçons les rudiments nécessaires afin de devenir un bon juif, et même, pourquoi pas, par la suite, un vrai mensch. Pardon ? Si vous ne savez pas ce qu'est un vrai mensch, je ne peux rien pour vous, sinon vous plaindre.

Il arrivait, Suzanne me l'a dit, que le melamed soit convié par une mère de famille à venir donner son enseignement à domicile. Et il arrivait fréquemment, même tout le temps, disait Suzanne, que ce melamed cogne à la porte, à l'heure précise où la famille se mettait à table. La mère de famille lui tendait alors un bol de bouillon kneidler, ou, quelquefois, posé sur une petite assiette plate, un morceau de hareng garni d'un de ces cornichons qui font saliver jusqu'aux âmes des disparus qui nous lorgnent là-haut dans les cieux quand on mange. Rien que d'y penser et d'écrire le mot cornichon, je salive moi-même.

Jamais, jamais, chose extraordinaire également selon Suzanne, jamais on n'avait vu un melamed refuser d'un geste l'assiette tendue, par politesse sans doute, ou par délicatesse pour ne pas froisser la mère de famille, mais surtout, surtout parce que le melamed, quel qu'il soit, où qu'il soit, a faim, toujours faim.

Et dans ce shtetele particulièrement il n'y avait pas que le melamed qui avait faim. Tout le monde avait faim. Personne n'aurait refusé un bol de bouillon ou un morceau de hareng. Dans ce shtetele misérable, la communauté, bien que démunie, offrait un heder aux petits garçons des familles qui survivaient dans le shtetele. La communauté avait installé ce heder dans l'arrière-boutique d'un cordonnier dont le fils justement était lui-même un melamed affamé, amateur de strudel et de keiss kir.

Maurice et Gaston, l'un précédant l'autre, se glissent dans l'arrière-boutique du cordonnier au son d'un marteau tapant sur des clous, ce qui enchante les bottes. Je les suis le plus discrètement possible. Ils s'installent sur de minuscules tabourets parmi les enfants. Ils portent un béret, ce qui tranche avec les casquettes, ou les bonnets, ou les kippas des autres gamins. Ils n'ont pas non plus de payess naissantes pour encadrer leur front et s'amuser avec en les enroulant d'un doigt. Le melamed est assis dans l'obscurité face à eux. Il semble lire, les yeux fermés. Ses lèvres bougent, il prie. Son doigt suit dans l'obscurité chaque ligne de la prière imprimée dans son livre. Une femme paraît. Elle place une bougie dans l'une des branches du chandelier à sept branches, bougie qu'elle allume et qui fait maintenant trembloter les enfants et le melamed. Puis la femme – serait-ce la femme du cordonnier et la mère du melamed ? – sort sans rien dire, après avoir jeté un regard désapprobateur sur les bérets des deux Parigots.

Moi, je suis accroupi dans l'obscurité au fin fond de l'arrière-boutique du cordonnier, je me sens bien, comme chez moi, ou plutôt comme chez moi dans une de ces photos du « monde disparu ». J'observe les enfants qui se pressent autour du melamed qui, lui, est absorbé dans son monde intérieur. Peut-être rêve-t-il d'un bol de bouillon ou d'un morceau de gâteau ? Moi aussi, j'ai faim brusquement. Je regarde les enfants autour de moi, ils ont l'air d'avoir faim aussi, mais ils ont faim d'autre chose, ils attendent que le melamed leur parle. Je vois dans leurs yeux la foi. Chez les deux bérets, les deux bérets français, je ne vois rien, sinon l'ennui. Comme j'aimerais croire, comme ces petits avec leur kippa et leurs payess, qu'il y a un sens, une justice et un avenir !

Je sais, je sais, j'aurais dû me lever, me dresser, sortir de l'ombre et hurler : « Sauvez-vous ! Sauvez-vous, les enfants ! Partez ! Partez ! Demain il ne restera rien de vous ni des vôtres ! Fuyez ! » Oui mais où ? Où leur dire de fuir ? Qui les aurait accueillis ? Sur quelle planète déserte auraient-ils pu trouver refuge ? Et puis, et puis, si je m'étais levé et que j'aie crié, qui m'aurait cru ?

Un retardataire paraît. Il tient une petite assiette sur sa main ouverte et sur cette assiette une part de strudel. Le temps est suspendu. Il pose l'assiette avec précaution sur le haut tabouret près du melamed, où reposent le livre et le chandelier à sept branches dont une seule est opérationnelle. Le melamed découvre l'assiette et son visage s'illumine. Il hoche la tête pour saluer l'arrivée opportune de cette part de strudel. Il la prend du bout des doigts avec une précaution amicale, puis il la porte à ses lèvres solennellement. Enfin sa bouche se saisit d'un minuscule bout du strudel. Il le goûte, il le savoure, il hoche alors davantage la tête, il apprécie. Il remercie, puis il déguste tout en hochant la tête et tout en mâchant, une sorte de mélopée, comme un gémissement, suit chaque bouchée.

Les enfants près de lui savourent aussi. Ils hochent la tête en écho comme si eux-mêmes dégustaient un morceau de gâteau. Je me surprends moi-même à hocher la tête, à savourer et à gémir. Le melamed claque sa langue contre son palais. L'assiette vide est posée sur le haut tabouret, presque sur le livre béni soit-il. Le melamed s'essuie la bouche d'un revers de main tout en continuant à hocher la tête et tout en dévisageant les enfants qui lui font face, comme s'il voulait partager avec eux son contentement, sa délectation. Et soudain il se dresse, son visage, ses yeux s'exaltent. Il attrape la petite assiette qu'il brandit très haut et agite comme un trophée, puis il déclare à mi-voix, mais à mi-voix de prophète, en confidence, solennel, en fixant les enfants déjà subjugués :

– Le Très-Haut, le créateur de toutes choses, bénie soit sa mémoire divine, a créé pour nous la terre plate comme cette petite assiette. Il l'a glissée dans un pli du ciel, en la posant, pour qu'elle soit bien stable, sur des couverts croisés, et l'a laissée ainsi, à l'aise pour l'éternité.

Après quoi, épuisé semble-t-il, le melamed tombe à moitié sur son siège. D'une main il se couvre les yeux, et de l'autre il écrase sa bouche, comme s'il regrettait d'avoir livré un bout de secret aux enfants. Maintenant il gémit comme un enfant lui-même, un enfant malade. Les enfants, sauf Gaston et Maurice, se cachent à leur tour les yeux et gémissent. Moi je suis saisi, surpris, enchanté. La voilà, la preuve, la voilà : la terre plate comme une petite assiette à dessert ! Quelque chose en moi se met à croire.

J'observe les enfants, ils sont bouche bée, sauf, une fois encore, Maurice et Gaston qui se parlent à voix basse tous les deux, sans émotion aucune. Le melamed est gêné, il reprend sa respiration. Le silence règne. Le temps s'est immobilisé. Mes bottes s'agitent, elles en ont marre, elles veulent sortir écraser la boue alentour. Je leur dis pour les calmer qu'on ne fait pas toujours ce qu'on veut dans la vie.

Le melamed se ressaisit. D'un regard il fait le tour de son cheptel. Les enfants, admiratifs, attendent sa parole. Le melamed les fixe et, dans sa revue de détail, les deux bérets français semblent ne pas partager l'extase généralisée. D'un coup de menton vers eux, il les questionne :

– Eh ? Vousss ? Vousss ?
Je ne sais plus comment il a dit au juste.

Gaston alors l'interroge sereinement :
– Qui tient les manches des couverts dans le ciel ?

Le melamed ne comprend pas. Il ne comprend pas le yiddish que tentent de parler les bérets français.

– Vouss ? répète-t-il. Vouss ?

Et c'est Maurice qui reprend :
– Qui tient la fourchette et la cuillère croisées sous l'assiette ?

Là, le melamed a compris. En tout cas il a saisi. Les deux bérets ne croient pas en lui. Il s'arme de son tue-mouches et hurle en frappant les enfants :

– Goyim ! Voyous ! Sans cœur ! Sortez ! Sortez d'ici ! Que le ciel vous tombe sur la tête et vous écrase comme de vulgaires vers de terre !

Gaston et Maurice sont à quatre pattes au sol, ils ne peuvent plus bouger tant ils rient, ils rient à s'en faire mal au ventre, ils rient à s'en couper les pattes.

Ils répètent : « Mais qui tient les manches des couverts ? »

Le melamed, voyant qu'ils n'avancent pas, finit par leur donner des coups de pied, au risque de tomber lui-même. Son doigt, son index redoutable, leur désigne la sortie : « Sortez ! Sortez ! Hors d'ici impies ! Et ne revenez jamais ! Jamais ! Que la foudre vous détruise, vous et vos bérets goys ! »

Ce melamed aurait-il quelque chose contre les bérets et les goys ? Je n'arrive pas non plus à gagner la sortie, partagé entre l'émotion – la terre est bien plate – et le rire – qui tient les manches des couverts ? Les autres enfants ne savent pas s'ils doivent aider le melamed à chasser les Parigots, ou s'ils doivent détourner les yeux de ces impies pour ne pas gâcher leur innocence. Gaston et Maurice rampent jusqu'à la sortie. Le melamed les chelt et les rechelt, hors de lui. Ensuite, il regagne sa place et, dans son agitation et sa colère, il frôle au passage la petite assiette à dessert qui s'écrase au sol, où elle se disperse en mille morceaux.

Le melamed hurle de douleur, il arrache ses payess, tire sur sa barbiche, avant de s'écrouler en gémissant.

Gaston et Maurice cavalent dans cette campagne, heureux comme deux évadés de Sing Sing. Ils foncent droit vers la maison de Toba qui s'appellera Gisèle à Paris dans les années 30, avant de repartir dans l'Est, pas très loin de son shtetele, en wagon à bestiaux.

« Il faut partir ! Il faut partir ! Vite ! Vite ! », hurlent Gaston et Maurice. Et ils racontent l'affaire, le scandale, les coups, les shtetls, leur question. Ils sont persuadés que la communauté va se liguer contre eux. Ils les entendent déjà crier : « À bas les bérets ! Vive les payess et les kippas ! » Dinah et Suzanne, et même Toba, approuvent. Il faut partir, partir et vite. Alors on dit adieu à Toba. On se reverra peut-être un jour, quelque part…

Les voilà repartis sur les routes de Galicie devenue polonaise avant de devenir ukrainienne. Je les suis de loin, je les vois s'éloigner à la queue leu leu d'un bon pas, comme s'ils savaient où ils allaient. Dinah regrette-t-elle de quitter sa cousine et le pays qui l'a vue naître, cet endroit où tout le monde parle yiddish ? Suzanne, Gaston et Maurice, eux, sont heureux de rentrer chez eux, un chez-eux qui n'est pas tout à fait leur chez-soi. Suzanne a-t-elle chanté en marchant ce qu'elle aimait chanter quand nous nous promenions du côté de Brunoy, à la fin des années 40 au début des années 50, *Un kilomètre à pied ça use, ça use, un kilomètre à pied ça use les souliers…* ?

Mes bottes sont ravies d'entendre un chant de marche et se mettent spontanément, comme un seul homme, à marcher au pas en chantant *Maréchal nous voilà…* !

Non non ! Pas ça, pas ça déjà ! Vos gueules, les bottes !

Suzanne, que je n'appelais jamais Suzanne, ni même maman, n'ayant jamais à l'appeler réellement puisqu'elle était là, toujours, pour moi, pour nous, pour tout, nuit et jour, depuis notre retour de l'ex-zone libre, Suzanne donc, depuis ce temps, s'était mise à notre service, à Maxime et moi. Après ses huit, neuf heures passées à tirer l'aiguille, après les courses, la bouffe, la lessive, le repassage, le ménage – et quoi encore ? tout le reste –, elle était à nous, c'était notre esclave volontaire, et nous la traitions, hélas, comme telle. Suzanne, pardon, je ne sais plus comment la nommer, Suzanne, ma maman adorée, aimait me raconter cette histoire d'assiette plate et de couverts croisés. Dans son répertoire d'histoires, c'était la seule histoire de son odyssée aller et retour à Brody en Galicie. Pourtant, pourtant elle ne l'avait pas vécue, cette histoire, elle ne l'avait sans doute même pas aperçu ni croisé, ce fils de cordonnier, ce melamed affamé, émotif et exalté. Ce sont ses frères, Mauricele et Gastounet, qui leur ont fait partager, à Dinah et elle, et à la cousine, cette histoire à ne pas croire qui tomba immédiatement, la tête la première et à jamais, dans la légende familiale.

Quelquefois je réclamais, bien tard il est vrai, une autre histoire à Suzanne. Elle n'avait pas le temps de convoquer ses souvenirs, et elle avait tout oublié. Pour elle, seuls restaient le melamed, son tue-mouches et l'assiette plate cassée en mille morceaux sur le sol du heder, et elle gémissait de rire un demi-siècle après. À chaque fois qu'elle sortait une petite assiette à dessert du buffet, je sentais le rire qui lui venait. Elle faisait très attention à n'en casser aucune. C'était sa façon à elle de respecter la terre. Je ne parle même pas des couverts qu'elle croisait machinalement, de temps en temps, sur la table. À part ça, le reste, tout le reste, y compris la guerre, les pogroms, les cosaques et les troupes régulières sans solde qui avaient reçu l'ordre ou la permission de se payer leur solde sur les juifs – tout ce qu'ils pouvaient leur prendre, qu'ils le gardent, c'était leur salaire –, tout ça, et même les strudels, elle voulait l'oublier, ou elle l'avait oublié.

– Maman !
– Quoi encore ?
– La forteresse ?
– Quelle forteresse ?
– Celle où vous avez été, grand-père, grand-mère et toi, et tes deux frères !

– De quoi tu me parles ?

– La forteresse dont on vous a chassés.

– On nous a chassés ?

– Oui, ils ont gardé Baruch.

– Baruch ? Quel Baruch ?

– Baruch, ton père !

– Ah Baruch, mon père, oui, alors ?

– Vous êtes partis d'où ?

– Partis pour aller où ?

– À Brody, maman !

– Je comprends pas un mot de ce que tu me dis.

– Brody, maman.

– Brody, Brody, c'est une ville, Brody.

– Ça je sais, maman.

– Brody…

– Je sais.

– Tu sais toujours tout. Et moi, je comprends pas un mot de ce que tu me dis, jamais. C'est pas la peine de te faire passer pour un grand écrivain frantsouze si t'es même pas capable de te faire comprendre par ta propre mère !

– Maman, l'assiette, le melamed, le strudel, Toba…

– Toba… Toba ils l'ont prise, pourtant elle avait changé son nom, elle s'appelait Gisèle. Ils l'ont prise avec son mari et ses deux gosses.

– Oui oui, maman, mais je te parle de l'autre guerre.

– Quelle autre guerre encore ? Quelle autre guerre ?

C'est vrai que je m'y suis pris très tard. Enfant, je ne lui avais jamais posé de questions. J'aimais qu'elle me raconte l'histoire du melamed, de la terre plate comme la cour du 34. Toutes les autres histoires, elle les avait pliées et rangées dans un placard aux chiffons qu'elle n'ouvrait jamais et qu'elle ne pouvait plus atteindre au moment où je l'ai l'interrogée parce qu'elle n'était plus au 34, alors. Elle était au bord de la Marne, dans la maison où on ramassait ceux qui tombent. Elle semblait même avoir oublié la Première Guerre.

Nous, les gosses, à la fin des années 40, nous n'aimions pas les vétérans, les anciens combattants de 14-18. Pourquoi ? Comme ça, nous n'aimions pas. On ne parlait pas de nos morts à nous, ni de nos rares survivants. Par contre on voyait nettement les survivants de 14-18. Dans les squares, les gardiens ont un bras en moins, le prof de maths a une jambe de bois qu'à la retraite il transforme en jambe de caoutchouc, le surveillant de l'école de la rue des Petits-Hôtels que nous fréquentions, Maxime et moi, n'a plus son bras droit, mais s'il vous file en cas de retard une beigne du bras gauche, il vous étale au sol comme une crêpe. Moi, il ne m'a jamais claqué à cause de mes lunettes et de leurs verres très gros.

Peut-être pensait-il que nous étions, Maxime et moi, les fils d'un héros mort au combat en criant « Vive la France… et les frites ! Mort aux fritz ! ». Peut-être, peut-être…

Peut-être pensez-vous que j'insiste un peu trop sur l'arrestation de Zacharie ? Peut-être avez-vous raison. Peut-être suis-je rancuneux ? Peut-être ai-je un sale caractère ? Mais je dois préciser que vivre toute sa vie dans un pays où la police de ce pays, ton pays, mon pays, a arrêté ton père, mon père, un matin au saut du lit et l'a refilé en loucedé à un autre pays qui s'est fait une joie de le brûler, de le réduire en cendres…

Quoi encore ?

Vous voudriez savoir ce que j'ai fait des bottes ?

C'est très simple. Les instances supérieures m'ont fait valoir que je m'en étais déjà trop servi. Alors je les ai remises dans le sac Félix Potin, j'y ai joint le petit carnet avec « un enfant en bas âge », et j'ai été fourrer ça dans la fosse à purin de l'histoire des bottes et des godillots cloutés.

Pardon ? Une autre question ? Mais si, mais si, allez-y, j'adore dialoguer avec le lecteur, surtout quand c'est moi qui écris les questions et les réponses.

– Comment avez-vous pu glisser vos pieds de petite victime de guerre dans ces bottes immondes qui ont brisé votre porte et la vie de votre maman ?

C'est une bonne question, mais je vous rappelle que j'ai fait ça dans un conte. Pour vous répondre, je vais évoquer mes deux contes préférés : *Le Petit Poucet* et *Pinocchio*. Dans *Le Petit Poucet*, l'ogre décapite de nuit et d'un seul coup de hache ses sept fillettes. Pas par méchanceté, par erreur, il voulait couper le cou de Poucet et de ses frères. Toujours pas par méchanceté, pour les manger, car sous Louis XIV la vie était dure pour les ogres, il y avait peu d'enfants à manger et ils étaient très maigres. Enfin tout ça n'empêche pas le Petit Poucet de s'emparer des bottes de l'ogre, le lendemain même, ces bottes qui feront sa fortune. Quant à Pinocchio, comme lui je fis des tas de bêtises afin d'essayer de devenir un vrai petit garçon, mais à mon grand regret je n'ai pas eu le courage de plonger dans la mer pour sortir mon papounet du ventre de la baleine.

Comment ? Encore une question ? Mais si, mais si, c'est très bien, pendant que je réponds, je n'écris pas, c'est toujours ça de gagné pour vous comme pour moi. Allez-y ! Oui ? Vous ?

– Pardon… je suis ému, je n'ai pas l'habitude de… j'ai cru comprendre que vous vous entreteniez souvent encore avec votre… votre… si vous voyez qui je veux dire…

Je vois, je vois, mais je ne vais pas répondre moi-même à la question que vous n'osez me poser. Je vais laisser ça au fils du cordonnier.

Après le bris de l'assiette à dessert planétaire, le melamed ne supportait plus le regard des enfants. Il se sentait tout à la fois hors de lui et honteux. Il décida alors d'abandonner la pédagogie. Il quitta son shtetele à pied pour rejoindre un autre shtetele, tout aussi désolé et tout aussi exposé aux pogroms divers, aux guerres – les Polonais se battaient contre les Ukrainiens pour s'approprier la Galicie –, à la misère et à la faim.

Il gagna ainsi, au cœur des Carpates, en Bessarabie pour être plus précis, un lieu-dit, Kobryn, où un modeste et néanmoins fameux tsadik, Jacob de Kobryn de Bessarabie – béni soit son nom –, enseignait la Torah, et même le Zohar, par le chant, l'ivresse et la danse. L'ex-melamed y resta quatre cinq ans, partageant la joie et la prière. Puis il repassa à Brody pour dire adieu à ses père et mère. Brody en ces temps, entre les deux guerres, était une grande ville juive – dix mille juifs y vivaient encore en 1939, plus un seul en 1945. À Brody, en ces temps, on pouvait encore acheter un billet de bateau direct pour le Nouveau Monde. Le fils du cordonnier traversa l'Europe, son billet en poche, et embarqua à Anvers sur l'un de ces mythiques paquebots emportant dans leur cale plein de familles juives cherchant à gagner une Terre promise de l'autre côté de l'Atlantique. Dans cette cale, les hassidim dansaient, chantaient et pleuraient, entre deux hoquets ou pire.

Retrouvons l'ex-melamed quelques mois après, au coin d'Hester Street et de je ne sais plus quelle avenue. Dans sa redingote fatiguée, la tête couverte de son shtreimel à fourrure des Carpates, il tend la main en se balançant et en psalmodiant pour lui seul des psaumes. Désolé, comme égaré, perdu dans la foule de marchands en chemisette à manches courtes et casquette, qui courent en tous sens en proclamant dans un yiddish calamiteux l'excellence de leur marchandise.

Sur le trottoir d'en face, un de ses ex-élèves tend également la main. Peut-être, sans doute, est-ce celui par qui le malheur est arrivé. C'est le porteur de l'assiette à dessert sur laquelle trônait la part de strudel qui provoqua la catastrophe. L'ex-élève traverse la rue au milieu de la foule et des carrioles et s'approche du fils du cordonnier. Sa casquette de tweed presque neuve lui confère un air à la fois ironique et supérieur.

– Que fait ici le juif ?
– Il tend la main et remercie l'Omniprésent de Sa bonté.
– Et comment se porte ici le juif ?
– Sur ses pieds.

Et le fils du cordonnier reprend sa psalmodie.

L'ex-élève hoche la tête, tire sur sa chemisette, et demande, franchement moqueur cette fois :

– Le juif aurait-il déjà trouvé un nouveau tsadik miraculeux sur cette miraculeuse terre nouvelle ?

– Pourquoi le juif devrait-il chercher un nouveau tsadik puisqu'il en a déjà un ?

– Comment le juif le nomme-t-il ?

– Jacob de Kobryn le Bessarabien, que mille fois béni soit son nom !

Alors l'ex-élève manque de s'étouffer. Il a peur d'éclater de rire au nez de son ancien maître.

– Le juif ignorerait-il que…

D'un seul regard le fils du cordonnier le fait taire. Un silence fragile s'abat alors sur les deux juifs au milieu de la foule bruyante.

Puis le fils du cordonnier, comme pour lui seul, prononce ces mots :

– Mieux vaut garder en son cœur son bon tsadik mort plutôt que d'avoir à en chercher un dans la foultitude médiocre des vivants.

L'ex-élève alors s'écroule aux pieds de son ancien maître tout en jetant sa casquette de tweed presque neuve et visiblement trop grande pour sa tête, comme s'il voulait faire apparaître sa vieille kippa galicienne, puis il saisit du bout des doigts le bout effiloché de l'antique redingote et le porte à ses lèvres. Et c'est ainsi que le fils du cordonnier devint rabbi Schister Zin.

C'est ainsi qu'il gagna son premier disciple. Relater l'ensemble de la carrière du tsadik, évoquer la liste infinie de ses fidèles, des chutes du Niagara jusqu'au fin fond du Texas, c'est une tâche trop rude pour moi.

Et puis c'est pour Suzanne que j'écris.

Or Suzanne n'aimait pas l'ostentation des hassidim. Suzanne détournait la tête quand elle en croisait un dans le fin fond du XVIIIe près de la rue Labat ou de la rue Ramey. C'est là où nous allions, tous les dimanches après-midi, rendre visite à Baruch jusqu'à ce qu'il parte en maison pour vieux juifs, là où Suzanne craignait de finir elle-même ses jours.

Oui, elle n'aimait pas l'ostentation. Elle était pour la discrétion en tout. C'était une souris qui venait d'échapper aux griffes du chat. Son souci était de passer inaperçue, de repérer un trou dans le bas du mur afin de pouvoir s'y cacher. Les juifs étaient juifs mais ne devaient pas trop le montrer.

Les jours de fête, elle allait à la schule pour y voir Baruch et surtout pour que Baruch puisse la voir, là-haut, au balcon, avec Dinah et les femmes. Elle exigeait que j'aille moi aussi à la schule le jour de Kippour pour que Baruch m'y voie. Mais lorsque j'ai refusé de faire ma bar-mitsva – « Je ne crois pas à tout ça ! Pourquoi je la ferais ? Si tu m'obliges, je pars en Amérique ou en Russie ! » –, elle ne lutta pas contre moi, elle ne me contraignit en rien et elle me défendit contre les Katz qui protestaient. Elle était juive, j'étais juif, Maxime aussi, basta così. Au fil des ans je suis devenu de plus en plus juif, ou plutôt de plus en plus fils de déporté juif.

Moi-même lorsque je croisais l'un de ces « froum' yid », comme elle disait, rue des Rosiers, ou quelque part par là, j'avais tendance à détourner la tête. Juif d'accord, mais discret. Et puis et puis, j'ai lu les récits hassidiques de Martin Buber, et les contes hassidiques de Peretz, et d'autres livres, et d'autres encore, et peu à peu je suis devenu une sorte de hassid de papier, un juif de livres, capable peu à peu de mesurer l'étendue immense de mon ignorance.

Est-ce elle qui m'a fait ainsi ? Ou plutôt qui m'a laissé me faire ainsi ? Jamais elle et moi n'avons parlé de ça, ni même évoqué cette histoire de croyance, de Dieu. Moi je parlais tout le temps. De quoi ? De rien. Maxime se taisait souvent. Il avait des soucis de chef de famille depuis l'âge de huit ans. On peut dire que toute sa vie il aura été à son compte.

Suzanne, elle, de temps en temps, nous racontait des histoires d'atelier. Et quand je suis devenu moi-même apprenti tailleur, nous nous racontions tous les deux nos histoires d'atelier. Elle, elle aimait ses camarades, ses collègues, elle se sentait bien avec eux, mais comme dans toutes les histoires, parfois, ça n'allait pas. Moi, c'était autre chose, ça n'allait jamais dans les ateliers où j'étais. Parfois, outre ce qu'on racontait sur nos ateliers respectifs, on citait une phrase, une réflexion, une chanson. L'une d'elles m'est revenue en tête ces jours-ci, soixante-dix ans après :

Tu ne les verras plus
Les poils de mon cul
J'en ai fait des brosses
À cent sous le kilo
Pour nourrir les gosses
C'est du bon boulot.

Nourrir les gosses, tout est dit.
Tire, tire l'aiguille, ma fille...

Tout bien considéré, force m'est de constater combien ce détour en 14-18 sur le chemin des contes m'a requinqué, et du coup me permet d'aborder la suite de ce récit sur la vie de Suzanne et des siens, Maxime et Nanéniou, comme disait Baruch, avec une énergie dont je ne me croyais plus capable.

Allez, oublions la der des ders, celle pour qui Montéhus, socialo pur porc, écrivit en 1914 de nouvelles paroles à *L'Internationale* :

C'est la guerre finale
Battons-nous et demain
L'Internationale sera le genre humain.

et retournons nous planquer en zone enfin libre au troisième étage droite escalier C, rue de Chabrol, au numéro 34, qui fait face au numéro 51, l'ex-siège de « L'Antijuif de France ».

Merde, soudain j'ai la trouille, et s'ils allaient rouvrir leur boutique ?

Serait-ce face à l'acte de décès – « mort à Drancy » – ou dès l'obtention de l'acte de disparition – « parti de Drancy le… en direction de… » – que Suzanne décida, avec sans doute l'approbation de Maxime – on ne me consultait jamais –, de transformer l'ex-atelier de Zacharie en chambre à coucher pour Maxime et moi ? Si je fus heureux d'hériter ainsi d'une demi-chambre presque à moi, j'ai regretté l'atelier. Non non, pas par rapport au souvenir de Zacharie, je n'y songeais pas, non, mais j'ai perdu alors le champ de bataille de ma guerre mondiale à moi, le lieu où je pouvais librement ramper des heures – j'ai toujours aimé ramper. Là où jeannette en main – un truc en bois pour repasser les manches –, je mitraillais l'ennemi – tatatatatatata ! – avant de grimper à l'assaut d'une des deux hautes tables, l'une à repasser, l'autre pour couper et régler, qui étaient si proches l'une de l'autre que je pouvais passer de l'une à l'autre directement et jeter des épaulettes oubliées en guise de grenades sur l'ennemi, quel qu'il soit, en criant « Banzaï ! Banzaï ! » – j'allais oublier les Japs.

Et quand il m'arrivait d'être fatigué de tuer, de zigouiller, de décimer l'ennemi, je résistais à la torture. Nul bourreau, fût-il Hitler en personne, ne m'aurait arraché une parole. Et parfois, pour changer, je torturais moi-même, si si, et là j'étais expert pour faire parler ceux que je torturais avec joie et application. Tour à tour j'étais amerloque, boche, jap, FFI, FTP, juif… juif ? Non, pas juif, jamais juif. Je n'étais juif que dans la cour, à la récré, à l'école, où nous nous battions, juifs et cocos, contre les fachos et les anti. Enfin, moi je me battais peu à cause de mes lunettes. Je risquais de les casser, et si je les ôtais, je ne voyais plus rien et je risquais alors de taper sur l'un des nôtres.

Durant les travaux de transformation du défunt atelier, je ne sais qui – monsieur Maugan peut-être ? – entreprit de tapisser les murs sans tenir compte des placards, scellant ainsi les portes desdits placards. « Ça va plus vite et c'est moins cher. » C'était vrai. Et comme on n'y avait rien de particulier, ou si peu, à ranger, dans ces placards, ça s'est arrangé comme ça.

Et ainsi l'idée d'un squelette dans le placard s'imposa très vite à moi. Du coup, devenu auteur comico-dramatique, je n'ai jamais été foutu de pondre un bon vieux vaudeville des familles, de peur que le cocu en ouvrant violemment la porte d'un placard ne se retrouve face non pas à l'amant mais à un vieux cadavre oublié là depuis l'une des deux guerres.

Les transformations ne s'arrêtèrent pas à l'ex-atelier. La grande pièce, celle où Zacharie fut saisi au saut du lit, devint salon-salle à manger et le lit matrimonial fut placé, je ne sais comment ni par qui, dans la minuscule pièce qui jusque-là servait de salle à manger symbolique, nous prenions tous nos repas dans la cuisine. Dans cette pièce perpétuellement sombre – la fenêtre donnant sur un mur –, ce gigantesque lit pour deux devint pour Suzanne un lit pour elle toute seule. L'armoire à glace qui complétait l'ensemble chambre à coucher, placée au bout, empêchait de faire le tour de ce lit, lui-même collé au mur. Pour pouvoir atteindre l'autre côté du lit, il fallait marcher sur le dessus-de-lit rouge matelassé. Suzanne appelait cette couverture son ébébète. D'après elle, des milliers, que dis-je, des millions de familles avaient dû, au cours du siècle, quitter la Pologne ou la Hongrie ou la Roumanie ou la Podolie avec leur ébébète roulé, ficelé. L'ébébète, c'était un coin de leur pays de naissance qu'ils emmenaient avec eux où qu'ils aillent, avant que la plupart d'entre eux, ceux qui n'avaient pas franchi l'Atlantique en tout cas, brûlent, et que leurs ébébètes soient distribués aux familles allemandes pour réchauffer et consoler les veuves des SS à tête de mort.

C'est sur cet ébébète, face à la glace de l'armoire, que je fis mes débuts d'avocat, malgré les protestations de Suzanne dont je ne tenais aucun compte ayant la loi pour moi.

– Messieurs les jurés, si vous voulez des têtes, prenez-en, mais pas celle de mon client !

Oui, je voulais devenir avocat, enfin quelque chose comme ça. Enroulé dans la robe de chambre maternelle, je plaidais. J'étais très fort pour la peine de mort. Et je le suis resté, avec cependant un additif à la loi : c'est moi et moi seul qui dois désigner ceux et celles qu'on doit raccourcir, il y en a tant et tant…

Plus tard c'est sur ce même ébébète, face à la même glace, dans l'obscurité de la chambre, que je devins tour à tour Richard III, Lorenzaccio, et même, pourquoi se gêner, Alceste et Sganarelle.

Don Juan ? Non, jamais, j'étais déjà pour un théâtre réaliste.

Suzanne, elle, réclamait à cor et à cris que je cesse de défoncer ce lit matrimonial. Elle ne croyait pas du tout à mon avenir de comédien. Moi, je m'efforçais de faire semblant d'y croire.

Dans la grande pièce, le lit à barreaux de l'enfant en bas âge fut liquidé, lui aussi. Et le Godin, ou la salamandre, remis en état. Les soirs d'hiver, après l'achat tardif d'un poste de radio, nous restions là tous les trois autour du feu à écouter *Dop Dop Dop*, ou la Compagnie juin 44 qui jouait des tragédies résistantes. Dans cette grande pièce, les placards aussi furent murés, oblitérés sous le papier à fleurs.

Dans notre chambre – l'ex-atelier –, pour Maxime et moi, un seul lit que nous nous sommes partagé jusqu'à son départ au service militaire.

– Tu bouges !

– Oui oui, je suis encore vivant alors je bouge, j'en profite.

– Ta gueule !

– La tienne avant la mienne !

– Si tu bouges encore, je te fous en bas du lit !

– C'est ça, c'est ça, fous-moi en bas du lit !

Et ça y est, c'était parti, on se retrouvait au sol à rouler, à gueuler. Suzanne arrivait – pin-pon pin-pon ! – avec son manche à balai et en deux petits coups elle nous séparait. Et on se remettait au lit, et on bougeait, et on se retrouvait au pied du lit, et on se battait, et on se remettait au lit, et Maxime bougeait, et je bougeais aussi, et on était vivants, frères et amis de nouveau. Certaines nuits, sans que cela nous réveille le moins du monde, on criait en chœur. Cris de terreur ? Qui sait. Cris de guerre en tout cas. Les voisins et voisines n'appréciaient pas. L'une d'elles, délicate en diable, dit à Suzanne en la croisant dans l'escalier : « Dommage que les Boches aient pris votre mari qui était si tranquille et vous aient laissé ces deux gueulards sur les bras ! »

Ni l'histoire officielle ni la légende familiale ni les feuilles à scandale ne relatèrent la réponse de Suzanne.

Un voisin bienveillant et compatissant nous offrit pour Noël un martinet. Manche en bois, lanières de cuir. Ce fut Suzanne qui lui dit « merci et bon Noël ». La nuit même, Maxime, secondé par mézigue, coupa les lanières avec les ciseaux de tailleur de Zacharie. Clic-clac ! Le lendemain matin, Suzanne découvrit le manche en bois verni du martinet devenu chauve et inoffensif, accroché à un clou. Elle ne fit aucun commentaire. Elle était de notre côté et sans doute que son manche à balai lui suffisait pour faire régner la paix et la concorde ici-bas.

Après les transformations, la tête de son lit, le lit matrimonial, dans sa chambre obscure, se trouva collée à la paroi fraîchement tapissée de notre chambre dans l'ex-atelier, si bien que certaines nuits je l'entendais pleurer tout bas pour ne pas nous réveiller. Oui, je sais, je sais, j'aurais dû me lever, oser la rejoindre pour la consoler, au moins pour lui parler.

– Pourquoi tu pleures, maman ? On est là, tous les trois, ensemble, vivants, pourquoi pleurer ?

Mais je restais au lit et je me rendormais. Sans doute à l'époque n'ai-je jamais pensé à me lever ni à aller la consoler ou lui parler, surtout lui parler. Et c'est pourquoi j'en sais si peu sur elle. Oui, je sais si peu de choses sur toi, maman.

Jeune homme, et même déjà en couple, lorsque je croisais un couple d'âge se promenant bras dessus bras dessous – on se tenait rarement par la main à l'époque quand on était adulte – j'étais étreint par l'émotion, pensant malgré moi à sa solitude, ta solitude.

Il n'y eut que durant les deux années, 43, 44, où tu t'es retrouvée seule et désœuvrée à Paris que tu aurais pu vivre ta vie de femme libre. J'espère que tu en as eu l'occasion même fugitivement et que tu as croisé une âme sœur. Jamais je n'ai osé évoquer ce point avec toi, ni même avec Maxime. Quand le matin en passant dans le petit couloir qui menait à la cuisine j'entrevoyais le lit matrimonial à peine défait, comme si nul n'y avait dormi, je détournais le regard. Non, je ne pouvais pas t'en parler, car notre relation était basée sur le rire. J'avais mission de te faire rire, et toi tu me répondais comme tu pouvais pour me faire rire aussi. On se faisait rire, entre deux de tes minuscules sanglots.

À part ça, tu as bossé jusqu'à la limite de tes forces. *Tire, tire l'aiguille, ma fille…* fut ta chanson, non pas préférée mais subie. Tu as travaillé jusqu'à ce que Maxime prenne le relais, tandis que moi je me consacrais à ma vocation première : rester au lit jusqu'à midi et rêver de théâtre sans jamais y aller.

Relisant les chapitres précédents je constate avec horreur que j'ai eu somme toute une enfance heureuse. Une enfance heureuse ?! Incroyable ! Mais c'était interdit, malheureux, d'être heureux ! Je sais, je sais. Mais malgré cela, malgré le demi-deuil permanent dans lequel nous étions plongés, Suzanne, Maxime et moi, et des millions d'autres, j'étais heureux. Je ne le savais pas à l'époque, bien sûr, mais il me suffit d'y penser, de penser au 34 rue de Chabrol escalier C, pour me sentir heureux, même aujourd'hui. J'étais quand même une petite victime de guerre aux yeux de tous, et même aux miens, voué au malheur perpétuel, mais il me suffit aujourd'hui d'évoquer le 34 escalier C, de monter jusqu'au troisième, et de te revoir là, à la porte, pour être au comble du bonheur. Revoir ton visage, tes rougeurs, tes yeux rieurs malgré ta fatigue, les soucis, la solitude.

Réentendre ta voix pointue, ou courir en sortant de l'école pour te choper marché Saint-Quentin et prendre tes filets.

– Si si, je peux les porter, je suis fort, maman, je suis fort !

Mais certaines fois, tout en courant, la peur me rattrapait. Quelque chose en moi me disait, je ne te reverrai jamais, je suis perdu, je t'ai perdue. Et quand je te voyais de loin je criais : « Maman ! Maman ! » C'est à peine si tu relevais la tête. Oui, je t'apercevais et la joie, le bonheur m'envahissaient, me submergeaient de nouveau. Je pourrais écrire ainsi des pages et des pages sur toi, sur ce 34, sur sa cour plate ou pas, sur l'escalier C qui s'écaille, sur ses marches usées.

Je me revois descendre la poubelle, la trouille au cul. Et si la lumière s'éteignait au milieu d'un étage ? Ça y est ! Sauvé ! Je traverse la cour sans lumière, j'atteins la poubelle générale, j'y vide notre poubelle privée et je retraverse la cour en courant, je grimpe l'escalier C quatre à quatre, mais entre le deuxième étage et le troisième une apparition surgit, une jeune femme, ou une jeune fille, ou même une fillette, descend, comme si elle volait, des étages supérieurs, des cieux même. Elle me croise, je n'ai que le temps d'écarter ma boîte à ordures, heureusement vide, pour la laisser passer.

« Merci, bonsoir, jeune homme », murmure-t-elle en m'évitant sans ralentir. Sa voix est grave et douce. Je remonte, lentement, une marche après l'autre, ma poubelle vide en main, troublé, retourné, enchanté par cette apparition que je n'ai jamais recroisée dans l'escalier C ni ailleurs. J'entends sa voix encore, enfin je crois l'entendre, je sens son parfum, il flotte encore autour de moi, ou je l'invente.

Oui oui, j'étais heureux malgré tout, malgré rien, ça n'était pas légal qu'un endeuillé permanent soit heureux comme ça pour rien, pour des bêtises.

Tout en m'appliquant pour pouvoir me relire, je revis ce bonheur passé et en même temps je ressens la honte d'avoir été heureux malgré toi, malgré ton malheur Suzanne, malgré le malheur de la Seconde Guerre et le malheur de la Première, la der des ders, celle qui t'a privée du bonheur essentiel de savoir lire et de savoir écrire.

Moi j'écris, ou plutôt je récris tout ce que j'ai déjà écrit dans d'autres livres, dans d'autres textes. Le malheur quand on devient vieux et qu'on raconte sa vie, c'est que c'est toujours la même vie qu'on raconte, à part qu'on est plus vieux et qu'on a oublié l'avoir racontée. C'est ça qu'on appelle ressasser. Le ressassement, tel est le lot des vieux scribouilleurs. Hélas, où que je sois, quoi que je fasse, je ressasse. Et cela n'est rien. Le malheur, le vrai malheur c'est que je suis vieux et sans espoir. Les enfants autour de moi aujourd'hui, je les sens heureux de temps en temps, mais sans espoir, et les adultes, sans espoir itou. À quoi bon écrire, pour qui écrire, si on n'est pas capable de donner de l'espoir aux désespérés, si on ne peut pas partager son bonheur passé au milieu du malheur général ? Oui, j'étais heureux. J'en ai honte et j'en suis fier.

En plus il y a des jours où le malheur frappe si fort les humains, comme une tornade qui jette à terre tout ce qui tient debout, comme un torrent qui inonde et noie… et moi, ces jours-là, je dois écrire encore, je dois ressasser, parler du bonheur interdit dont j'ai joui, oser dire : « Soyez heureux, malgré tout. Aujourd'hui vous avez le droit de l'être, pire, vous en avez le devoir. »

Ce bonheur passé était troublé par un malheur récurrent : l'argent, le manque d'argent plus précisément. Mais c'était ton problème, maman, c'était ton problème, Suzanne, puis ce fut celui de Maxime, jamais ce ne fut le mien. Tout jeune j'acceptais d'envisager une vie sans argent. J'admettais l'idée de manquer d'argent tout le temps, de ne rien faire pour en gagner.

Malgré tout j'avais des besoins, et c'est en tremblant, comme si j'allais braquer la Banque de France, que je me dirigeais certains soirs ou certains matins vers ton manteau, Suzanne, et que je glissais une main malhabile dans l'une de tes poches, et j'en ressortais quelques piécettes que je serrais de toutes mes forces et que je partais compter dans les chiottes. Ces pièces oubliées dans tes poches, je suppose que tu les laissais exprès pour moi. Mon argent de poche en somme. Jamais jamais je ne fus plus heureux, et plus honteux, de compter l'argent gagné.

Si j'avais été plus brave, je ne me serais pas dirigé vers le théâtre, je serais devenu voleur. Je suis devenu voleur d'ailleurs, voleur des histoires des uns et des autres pour en faire des livres. C'est ça, écrire, des bribes de souvenirs, vrais ou inventés qu'importe, de livres lus aussi, ce sont les livres qui font écrire. Allez, il est temps pour ce soir d'aller rêver très fort. Le rêve est encore libre, mais souvent il vous condamne.

Je marche quelque part, dans une rue inconnue, au fin fond du XVIIIe, près cependant de la rue Labat où on allait tous les dimanches voir Baruch, ton père. J'entre dans une maison délabrée. Je traverse un hall rempli de vieux vélos dégueulasses et cassés. Je ne me souviens pas d'être jamais venu ici. J'emprunte un escalier de service crasseux, comme l'étaient tous les escaliers de service à Paris. Cet escalier dessert à chaque étage plein de portes misérables. Je ne sais pas où je vais, je ne sais pas pourquoi j'y vais. Ce sont mes pieds seuls, encore eux, qui me guident, qui me conduisent. Et voilà qu'ils s'arrêtent devant une porte entrouverte. Je pousse la porte et je découvre une très très vieille dame, prostrée dans son lit.

– Ah ? C'est toi ?

Je sens un reproche terrible dans sa voix.

Ce n'est pas possible ! Je l'avais oubliée ! Depuis quand ne suis-je pas passé la voir ? Je l'ai abandonnée. Je me retiens de pleurer, de m'effondrer au pied de son lit, de lui demander pardon.

Elle, elle continue, de sa voix qui ne me fait plus rire du tout :

– Faut au moins que tu te sois cassé une patte ou deux pour venir voir ta mère !

J'ai rêvé cela après un coup de fil de Maxime :

– Allô ! Quel jour sommes-nous ?
– Ben, je sais pas.
– Le 12 janvier.
– Ah bon ? Et c'est quoi, le 12 janvier ?
– Le 12 janvier 1907 ta mère naissait, pauvre con.
– Ah merde, j'avais oublié, encore oublié.
– Moi aussi j'avais oublié, mais je m'en suis souvenu, alors je t'appelle parce que je suis ton aîné.
– Merci, mon aîné.

C'est tous les ans pareil.

La petite victime de guerre a envie d'avaler son stylo et d'aller se foutre à l'eau. Mais il doit finir le boulot, commencé il y a quatre-vingt-cinq ans, juste avant le début de la Seconde Guerre mondiale, celle que je préfère, avec son « Plus jamais ça ». Et ta sœur ? Elle bat le beurre. Quand elle battra l'bâton…

Suzanne avait des paroles comme ça, des petites phrases en stock qu'elle avait cueillies dans son atelier, au 26 rue de Chabrol. Elle aimait sortir une petite phrase, et moi j'aimais les entendre.

Des petites phrases qui mangent pas de pain et qui font rire.

Maxime, lui, ne riait pas. Il était sérieux. Dire qu'il était sérieux ne suffit pas, il était responsable depuis l'âge de huit ans.

Pour tenter de vous faire comprendre avec mes faibles moyens ce qui s'est passé alors dans le cerveau de Maxime, enfant caché de dix ans responsable depuis deux ans de son merdeux de frère, il me faut faire un détour.

Il y a trente ou quarante ans, je ne sais plus au juste, un journaliste vient m'interviewer. Il me demande comment et où j'ai passé la guerre, et si j'avais eu peur. Peur ? Moi non, mais mon frère a dû avoir peur pour deux. Nous avons d'abord été accueillis à Moissac, dans une maison gérée par les Éclaireurs israélites de France, qui comprirent, fin 43 j'imagine, que les enfants ne devaient pas rester ainsi groupés. Une cinquantaine d'enfants juifs à ramasser d'un coup, c'était trop tentant – aucun des cinq cents enfants qui passèrent par Moissac n'a été déporté –, la dispersion fut organisée et nous nous sommes retrouvés, Maxime et moi, chez une dame, dans une famille, disons, près de Grenoble, dans le Vercors. Maxime devait avoir très peur. Il était seul avec moi, il ne savait rien du sort de Zacharie et de Suzanne. Nous ne nous appelions plus Grumberg mais Guichard. Dans cette maison il y avait, outre les enfants de la dame, d'autres enfants, cachés ou pas, comme nous ou pas.

J'explique tout ça à l'intervieweur qui me demande, très optimiste :

– Vous l'avez fait nommer « Juste parmi les nations » ?
– Non.
– Comment ça non ?
– Ce n'est pas moi qui m'occupe de ça, c'est mon frère, Maxime.
– Il a donc fait le nécessaire ?
– Je ne crois pas.

L'intervieweur s'énerve, il me fait la leçon.

Je lui dis que je ne sais même pas si on a conservé le nom et l'adresse de cette dame.

– Quoi ?! Comment ?!

Là il devient comme fou. Il s'étouffe de rage. On se quitte avant d'en venir aux mains.

Quelques jours après, je demande à Maxime, qui s'affairait dans son magasin :

– Comment se fait-il qu'on n'ait pas gardé l'adresse et le nom de la dame près de… ?

Il hurle alors :

– Fous-moi la paix ! Fous-moi la paix ! Arrête de me faire chier avec tes histoires ! Écris ce que tu veux mais fous-moi la paix avec tout ça ! Je ne veux plus en entendre parler ! Ça va comme ça ! Ça va comme ça !

Bien.

Quelques années plus tard, à son tour, comme à peu près tous les fils et filles de déportés, Maxime fut rattrapé par la patrouille et dut se résoudre à visiter une ou deux fois par semaine un type dont le boulot était d'écouter ceux qui ne voulaient pas parler mais qui en avaient grand besoin.

Plus tard encore, il me confia le fond de l'affaire :

– Chez la dame dans le Vercors, j'avais très peur. Je me sentais perdu. La seule chose qui me rassurait, c'était qu'une fois par mois une des Éclaireuses passait pour vérifier si tout allait bien pour nous, et j'avais repéré qu'elle glissait en partant quelques billets dans la main de la dame. Et puis elle a cessé de venir.

Peut-être était-elle tombée dans un contrôle d'identité ?

– Après ça – c'est Maxime qui continue – j'ai eu la trouille. J'ai eu la trouille que la dame ne recevant plus d'argent pour nous garder nous refile aux bouffeurs de juifs du coin.

Alors Maxime inventa une fable pour nous protéger. Il raconta à la dame et à sa famille que nos parents, comme tous les juifs, étaient très riches, et qu'après la guerre ceux qui nous avaient aidés seraient largement récompensés. Il avait dix ans. Et c'est moi qui suis devenu scénariste ! La guerre finie, on se retrouva au 34 et on retrouva maman. Quelque temps après, on reçut une lettre de la dame. Le seul qui lisait à la maison, c'était Maxime. Il lut la lettre qui nous annonçait que le fils aîné de la dame allait se marier. Il comprit alors qu'elle attendait la somptueuse récompense promise.

– On n'avait même pas de quoi acheter un timbre et une enveloppe à la maison !, crie-t-il. Alors j'ai déchiré la lettre et l'enveloppe avec l'adresse au dos et je les ai foutues à la poubelle.

Oui, selon sa date de naissance chaque enfant de déporté reçut des cartes avec lesquelles il dut jouer toute sa vie. Maxime reçut un jeu qui l'obligeait à être responsable, en toutes circonstances il fit face à ses responsabilités. Moi, j'ai eu la chance, ou la malchance, de recevoir des cartes qui me délivraient de toute responsabilité et j'ai réussi à jouer avec ces cartes-là jusqu'à aujourd'hui.

Pardon ? Si l'interviewer m'avait demandé un souvenir de guerre ? J'aurais pu lui raconter qu'il y eut les vendanges pendant lesquelles j'abusais du raisin fraîchement cueilli, ce qui me provoqua un accident côté culotte. La dame alors étala mon slip garni sur un fagot dressé près de la cahute qui servait de lieux d'aisances à toutes et tous. Comme ça, toute la maisonnée put vérifier à quel point j'étais un chieur. C'est mon souvenir de guerre le plus douloureux. Et c'est ainsi sur ce fagot, face public, que j'ai commencé ma carrière de chieur professionnel.

Un beau jour, en revenant de la piscine municipale, au début des années 50 ou à la fin des années 40, boulevard Bonne-Nouvelle – natation scolaire hebdomadaire et obligatoire –, je me suis mis à boitiller. Ouais, ça a commencé comme ça. Alors maman m'a dit de me laver les pieds à fond. Mais plus je me lavais à fond les pieds dans la bassine à linge, plus je boitillais. Alors maman m'a amené, un samedi après-midi où elle ne travaillait pas, chez le docteur des pieds, rue Rodier, Paris IXᵉ. D'abord il a regardé mes pieds, je ne sais pas s'il les a trouvés assez propres. Puis il m'a fait marcher et causer. Comme je ne savais pas quoi lui dire, je lui ai raconté qu'à la récré, un copain, mon meilleur copain, m'avait dit que la terre n'était plus plate, et même qu'elle était devenue ronde, rapport à tout ce qu'on avait souffert pendant la guerre. Et depuis qu'il m'a dit ça, docteur, je peux plus poser mes pieds bien à plat sur le sol. Et là, je ne sais pas pourquoi, je me suis mis à chialer. Suzanne, voyant ça, s'est mise elle aussi à larmicher. Je l'ai vu à la façon qu'elle avait de triturer entre ses mains son petit mouchoir de manche. Alors le docteur des pieds – il s'appelait Lévy-Cohen ou Cohen-Lévy, je ne sais plus trop – m'a touché les cheveux et il a dit : « Madame, votre petit garçon a des verrues plantaires. Il a dû choper ça à la piscine, il ne faut absolument plus qu'il y mette les pieds. » Là j'ai cessé de pleurer, j'avais gagné ma journée, je pouvais pas blairer la piscine à cause de mes lunettes, je ne savais jamais où les mettre, et du trou dans ma poitrine, j'aimais pas que les autres me traitent de racho.

Le docteur des pieds a rajouté qu'à son avis si la terre pour moi n'était plus aussi plate qu'avant la guerre, c'était plutôt à cause de ma date de naissance trop proche de celle du début de cette guerre maudite. Il a dit aussi qu'avec un peu de sport, une ou deux cuillerées d'huile de foie de morue chaque matin – merci, docteur ! –, l'ablation des verrues et le port de semelles orthopédiques qui me feraient marcher droit, j'irais loin. Et il a murmuré, juste pour Suzanne, mais j'ai quand même entendu : « L'angoisse chez les mômes devient plus contagieuse que les verrues plantaires. » Puis il s'est assis et il s'est mis à écrire tandis que maman me relaçait mes godasses.

Au bout d'un moment il a relevé les yeux et il a demandé du bout des doigts si le papa de ce… Suzanne a baissé la tête et haussé les épaules tout en triturant de nouveau son mouchoir de manche. Le docteur des pieds est resté un instant la tête levée, puis il a fini d'écrire et a remis les ordonnances à Suzanne avec l'adresse du zigouilleur de verrues et celle du fabricant de semelles et un petit mot pour l'école au sujet de la piscine, ainsi qu'une ordonnance pour une lotion des pieds, vu que je n'avais plus le droit de les tremper dans l'eau. Maman a pris les papiers et a demandé : « Combien je vous dois docteur ? ». Alors il a froncé les sourcils comme s'il était subitement très en colère et il a dit : « Ici l'argent n'entre pas le samedi. » Alors elle a baissé la tête et il l'a raccompagnée jusqu'à la porte palière en posant sa main droite sur son épaule gauche comme s'il voulait l'aider à se tenir droite et à marcher. Moi j'étais derrière, je boitillais encore un peu mais ça allait déjà mieux, et c'était comme si, pour la première fois de ma vie, je marchais derrière une mère et un père.

Arrivés rue Rochechouart, j'ai donné le bras à Suzanne. Elle ne me parlait pas, elle avait l'air de réfléchir. Je lui ai dit alors, histoire de causer : « Il est gentil, le docteur des pieds, il ne t'a pas fait payer. » Alors elle a dit tout bas, sans même me regarder : « J'aurais préféré payer. »

Quand j'ai raconté la chose à mon copain, mon meilleur copain, à la récré, il m'a dit : « Cherche pas à comprendre, les bonnes femmes sont jamais contentes. » Comment il pouvait savoir ça, lui qui n'avait ni maman ni papa ? Avant de rentrer au 34, j'ai voulu mettre les choses au point. Alors j'ai dit comme ça :

– Pour la piscine c'est d'acc, maman, mais pour les semelles, c'est non.

– Comment ça, c'est non ? Le docteur des pieds t'a dit qu'il fallait que t'en portes, que t'en avais besoin.

– Maman, moi quand je dis non, c'est non.

Et ce fut oui. Maxime s'en est mêlé. Il m'a dit que le type des semelles lui avait dit que si je n'en portais pas maintenant, à vingt ans je ne pourrais plus marcher du tout.

– Je veux pas mettre de semelles ! Je veux pas que les copains se foutent de ma fiole !

– Couillon ! Les semelles sont planquées à l'intérieur des godasses !

Je les ai portées trois semaines. Après je les ai fourrées dans un endroit secret, personne au monde ne pouvait les trouver, et j'étais décidé à ne jamais dire où elles étaient, même sous la torture. Je savais que je ne parlerais pas sous la torture parce que depuis quelque temps je torturais et j'étais torturé, et j'étais aussi bon en torturant qu'en torturé.

Un jour Maxime est entré par surprise et m'a tordu le bras, il m'a dit :

– Où sont les semelles ?!!!
– Lâche-moi !
J'ai crié.
– Où tu les as foutues ?
– Je les ai perdues.
– Où ?
– Si je le savais elles seraient plus perdues ! Je les ai perdues, je te dis !
Il m'a tordu un peu plus le bras et il m'a demandé :
– Tu les as perdues où ?
– Je sais pas. À la piscine.
– À la piscine ?
Et il m'a retordu le bras.
– Aïe ! Tu me fais mal !
– Explique-moi comment t'as pu les perdre dans un endroit où t'as plus le droit d'aller et où tu ne vas plus ?
– Est-ce que je sais, moi ? Elles sont perdues, elles sont perdues.
– Et à vingt ans quand tu pourras plus marcher, qu'est-ce qu'elle fera de toi, maman ?
– Eh ben, quand je pourrai plus marcher, je ramperai.
Là il m'a lâché.
– C'est ça, va ! Rampe !

Total, à vingt ans je marchais encore, et même à vingt et un, avec les pieds légèrement en canard, c'est vrai, mais c'était pratique pour imiter Charlot. J'aimais beaucoup Charlot et Laurel et Hardy. Maman aussi. Elle aimait bien rire quand elle pleurait pas. Et même des fois elle riait en pleurant.

Elle a ri quand je lui ai dit que si c'était moi, j'aurais choisi entre Lévy et Cohen. J'aurais pas gardé Lévy-Cohen, j'aurai pris ou Lévy, ou Cohen. Mais les deux à la fois, ça fait m'as-tu-vu. Et pourtant ce docteur des pieds, il n'avait pas l'air m'as-tu-vu du tout. J'aurais bien aimé avoir un papa comme ça.

Non, en fait, avoir un père ou pas, ça m'était égal. Surtout que quand je montais chez un copain – pas mon meilleur copain, lui il n'avait plus ni père ni mère, mais un copain qui avait encore son père et sa mère –, à chaque fois le père engueulait la mère, la mère engueulait le père. À la maison ça ne se passait pas comme ça du tout. Maxime et moi on finissait par se foutre sur la gueule et se rouler par terre, mais maman arrivait avec son manche à balai, elle nous séparait, et après on était tous bien contents d'écouter la radio ou de lire, à part maman qui devait faire la vaisselle et qui se mettait à courir partout. Ça lui faisait sa deuxième journée de travail. Et des fois elle en entamait une troisième de nuit, ça c'était pour laver le linge ou le repasser.

Parlons cuisine un instant.

Comment accommoder les restes ?

Comment racler les fonds de casserole sans en faire un plat ?

Serait-ce l'effet de l'âge de ne plus savoir comment commencer et encore moins comment finir ce qui semble bien devenir au fil des jours et des pages un dernier casse-croûte pour la route ?

Je n'aimerais pas qu'il ait un goût amer. J'aimerais finir comme j'ai vécu, grâce à toi et à quelques autres, et surtout pas sans t'avoir dit combien je t'aimais.

Quel besoin de le dire ?

Un fils aime sa mère comme une mère aime son fils.

Oui, mais quand même pas au point d'en tomber malade !

À quatorze ou quinze ans, par le plus heureux des hasards, je me retrouve dans une troupe de théâtre amateur, La jeune scène. Je suis alors apprenti tailleur doublé d'un apprenti comédien. On répète *Georges*

Dandin de Molière dont je viens de faire la connaissance. Je joue Colin, un enfant (d'où ma présence), réveillé en pleine nuit par son maître Dandin pour aller quérir les parents de sa volage épouse, les Sotenville, afin qu'ils constatent la coupable conduite de leur fille qui batifole dans la nature pendant que Dandin est censé dormir.

En cette fin d'après-midi de samedi, on vient de filer *Georges Dandin* et le metteur en scène désire qu'on refile le soir même, « on casse juste la croûte et après on enchaîne un nouveau filage ». Tout le monde étant d'accord, nous voilà au café. Je commande un sandwich jambon. C'est sans doute la première fois que je mange ainsi, avec les grands. Je mords dans le sandwich, je mâche, et je n'arrive pas à avaler. En moi un brasier flambe soudain. Maman ! Maman ! Maman ! C'est l'heure du dîner, c'est samedi, soir de boulettes et de *petlégélé*. Je n'ai aucun moyen de la prévenir, nous n'avons pas le téléphone. Le filage va durer au moins deux heures. Je la vois déjà se tordre les mains dans la cuisine, puis arpenter le petit couloir et devant la porte palière close s'arracher les cheveux. Elle va me croire mort. Maman ! Maman ! Maman !

La jeune première me fixe :

– Qu'est-ce que t'as ?

Je ne sais quoi lui répondre.

– T'es tout rouge, t'es plein de boutons ! crie-t-elle.

Monsieur de Sotenville, laconique à la ville comme à la scène, diagnostique :
– Urticœur.
Madame de Sotenville, qui ne veut pas être en reste, confirme :
– Urticœur.

La jeune première remonte mes manches de chemise puis mon tricot de peau : rouge, rouge, rouge.

– Tu manges du porc habituellement ? demande le metteur en scène perspicace.
– Oui oui, du jambon tout le temps.
J'ai la bouche en zinc, je n'arrive pas à articuler ni à déglutir.
– Bon. Urticaire. Rentre, on filera sans toi.

Alléluia ! Mazel tov ! Hosannah ! Bénis soient Dandin et Molière ! Je ne me le fis pas dire deux fois.

Nous répétions avenue Secrétan, une avenue pentue, dans une salle prêtée par les anciens combattant de 14-18 qui ne s'y réunissaient pratiquement que le 11 novembre. Je dévale l'avenue et les marches du métro, je vole plutôt. Je double Superman qui n'en revient pas. Quelque chose continue à hurler en moi mais cette fois c'est de joie. Maman ! Maman !

Maman ! J'arrive ! J'arrive ! Arrête de t'arracher les cheveux ! Je saute dans la rame, à peine si la poinçonneuse a eu le temps de faire son trou. Puis au changement je cours, je cours, et me voilà Gare de l'Est, sans Maugan. Je file comme un éclair au chocolat. Le marché Saint-Quentin est dépassé, la rue de Chabrol est enfilée, je grimpe les trois étages, pousse la porte, elle est là. Maman ! Maman !

Ses mains disparaissent sous ses aisselles qu'elle serre le plus fort possible. Je lis la peur, l'angoisse, son corps est comme écrasé, son visage déformé. J'ai envie de me jeter sur elle, de la prendre dans mes bras, de la serrer très fort. Je n'en fais rien. De toute façon elle me dirait : « Caresses de chien, ça donne des puces. »

Je me retiens de lui crier : « Je suis là, maman, je suis là ! Il ne m'est rien arrivé ! »

Son visage est tout rouge. Je sais que le mien ne l'est plus, sinon elle serait affolée.

– C'est à c't'heure là qu't'arrives ?!

Je suis déjà assis face aux boulettes, prêt à passer à l'attaque.

Son assiette à elle est intacte.

– Tout est froid !

– Maman, les boulettes sont bien meilleures froides que chaudes !

– C’est ça, c’est ça… Pourquoi t’arrives si tard ? J’ai la bouche pleine de boulettes déjà.

– L’urticœur, tu connais ?

– L’urticœur ?

– L’urticœur.

– L’urticaire !

Voilà. C’est là que j’aurais pu lui dire, que j’aurais dû lui dire que je l’aimais plus que tout au point de m’en rendre malade, rouge rouge rouge.

À côté des boulettes il y a le petlégélé à la bonne odeur de brûlé – il s’agit d’aubergines hachées –, un plat roumain, la seule trace de Zacharie qu’elle ait conservée, avec le petit gobelet argenté contenant la bougie qu’elle posait sur le rebord de la fenêtre de sa chambre, le jour du souvenir des morts. Il fallait que la bougie flambe jusqu’au matin.

Elle réchauffe la purée en toussotant.

– J’ai cru qu’il t’était arrivé quelque chose…

– Celui qui vaincra ton kid n’est pas encore né !

Et tout en bouffant je tire avec mon revolver sur tous les ennemis qui se pressent dans le petit appartement.

– Parle pas comme ça, ça porte malheur. C'est bon ? demande-t-elle.

– Si c'est bon, maman ? C'est la meilleure purée tiède que j'aie mangée de ma vie ! Quant à tes boulettes froides, je pourrais en mourir de bonheur.

Elle est rose de plaisir. Elle mange à son tour du bout des lèvres. Elle se lève un instant, disparaît et revient avec deux gros cornichons. C'est jour de fête. On croque nos molossols, œil dans l'œil, comme deux amoureux qui se disent ainsi qu'ils s'aiment et qu'ils s'aimeront éternellement.

S'il y avait des notes de bas de page autorisées dans cet ouvrage, je vous préciserais que Colin dans *Georges Dandin* fut interprété dans une compagnie amateure en Belgique par Maurice Olender. Ce fut le seul rôle qu'il joua, au même âge que moi sans doute. Il dut même jouer Colin un soir de Kippour, et pour ce faire dut mentir à son père. Il en était encore honteux lorsqu'il me confia ça au restaurant, entre nos deux compotes de pommes.

– Et Prague maman ?
– Qui tu dis ?
– Prague ! La ville.
– Brody ?
– Non ! Prague ! La capitale de…

Elle triture d'un doigt sévère son appareil vissé dans son oreille, comme pour le punir de ne lui faire entendre que des bêtises.

– En repartant de Brody, vous vous êtes arrêtés à Prague.
– N'oublie pas de m'acheter des perles, euh des piles pour le…
– Oui maman, des piles.
– Quand il a plus de piles, il siffle.
– Non, quand il a plus de piles, il ne peut pas siffler, maman.
– N'oublie pas quand même.

Le silence s'installe. C'est elle qui redémarre.

– Comment tu peux savoir où on s'est arrêtés puisque moi-même je ne le sais pas ?
– Parce que toi t'as oublié, moi pas.
– Toi ? T'étais même pas né !
– Encore heureux ! En partant de Brody, t'avais douze ou treize ans maximum.

Elle hausse les épaules.

– Vous vous êtes arrêtés, tu m'as dit, dans la banlieue de Prague chez une nièce de ton père.
– Tu me fais mal à la tête avec tes histoires.
– Elle avait un poulailler.
– Un poulailler ?

Elle secoue la tête.

– Elle élevait des poules et elle vendait les œufs pour acheter de la viande.
– Où tu vas chercher des conneries pareilles ?
– Et pour vendre ses œufs, il fallait passer une sorte de frontière, un octroi, pour entrer dans Prague et livrer ses œufs au vendeur d'œufs. Fallait payer une taxe.
– C'est ça, parle à mon cul ma tête est malade.

Je continue tout en me bidonnant. Elle se bidonne aussi.

– Pour passer sans payer, elle avait fabriqué des ceintures à œufs. Des bouts de tissu qu'elle avait garnis de petites poches à cocos tout du long. Un jour elle t'en a noué une sous ton paletot et dans chaque alvéole elle a glissé un coco tout chaud. Elle s'en est noué une à elle aussi, et hop, vous avez pris le tram ou je ne sais pas quoi. Mais il y avait du monde dans le « je ne sais pas quoi ». Vous avez passé l'octroi sans rien payer, les doigts dans le nez, mais quand vous êtes descendues tu as constaté que tous tes œufs étaient cassés, et que tous ceux de la nièce n'étaient pas cassés, et tu t'es mise à pleurer. T'étais transformée en œufs brouillés.

Elle agite la tête dans tous les sens.

Quand elle nous racontait ça, quand j'étais petit, ça la faisait rire, et moi aussi ça me faisait rire, mais là elle ne rit pas du tout. Soudain elle a comme un frisson qui secoue tout son corps, comme une fièvre. Elle pose ses mains ouvertes sur ses hanches comme pour barrer le passage à l'omelette qui veut s'écouler. Alors je ris. Elle pas, elle grimace.

Dans un râle de dégoût rétrospectif elle constate : « J'oublie tout. » Ça la faisait tellement rire avant quand elle nous racontait ça, et maintenant c'est tout juste si ça ne la fait pas pleurer.

Nous restons côte à côte en silence, assis dans nos fauteuils de rotin, dans le jardin de la maison où l'on ramasse ceux qui tombent. Je jette un œil à ma montre et je me dresse :

– Oh oh, j'ai école ce soir !
– T'as école ?
– Je joue ce soir, maman.
– Tu joues quoi ?
– *L'Atelier*.
– Ah, *L'Atelier*…

Je l'aide à se lever.
Elle se cramponne à mon bras et elle ne veut pas le lâcher.

– Dis donc, me dit-elle à mi-voix, tu me dois du pognon, toi.
– Je te dois du pognon ? Comment ça, maman ?
– Ben, tu gagnes ta vie en racontant la mienne.

J'approuve. Aurait-elle un sens inné du droit d'auteur ?

– On fera les comptes une autre fois tu veux ?
– C'est ça, compte là-d'ssus et bois de l'eau !

L'Atelier, la pièce, évoquait sa vie entre 45 et 52 à l'atelier, 26 rue de Chabrol. Et cet *Atelier* finit quand même par la rendre heureuse. La pièce, où je jouais moi-même, fut captée et diffusée soit sur la 1, ou la 2, ou la 3 – y avait-il déjà une 3 ? Tout le personnel de la maison présent ce soir-là se regroupa dans sa chambre pour visionner avec elle l'histoire de sa vie. Pendant quinze jours au moins elle fut la reine du lieu. Et puis, et puis, comme toujours, il y eut des antiroyalistes qui compliquèrent la chose. Elle eut tout de même le temps de me dire, deux trois jours après la diffusion, que jeune elle avait consulté une cartomancienne qui lui avait prédit que, tant qu'elle serait jeune, elle aurait beaucoup d'ennuis, beaucoup de malheurs, mais qu'une fois vieille, elle serait très heureuse.

– Eh bien, ça y est, me dit-elle, j'y suis, elle avait raison.

Dès que tu cesses de te presser le citron pour obtenir des souvenirs, les souvenirs te tombent dessus, comme la grêle en plein champ, sans que tu puisses te mettre à l'abri. Je n'ai plus besoin de souvenirs pour nourrir les chapitres sur 14-18, pourtant maintenant ils se collent à moi.

Dernièrement une cousine, Michelle, la fille de Gaston, m'a donné une photo que je ne connaissais pas ou dont je ne me souvenais plus. C'est une photo de famille du retour, des retrouvailles. Baruch tient Suzanne, devenue une jeune fille plutôt mignonne, par les épaules. Dinah est toute proche de Baruch. Gaston et Maurice, en culottes courtes, avec des visages de voyous. Tous n'en sont pas encore à sourire, mais c'est une vraie photo de famille. Ce retour, ou plutôt ces retrouvailles feront de nouveau de Baruch et Dinah des parents, d'une deuxième petite fille, Clairette. Clairette naquit dix-sept ans après toi, Suzanne, et dans le quartier tout le monde s'étonnait : « Si jeune ! Et déjà maman ! »

Si jeune oui, mais pas au point d'aller enfin à l'école. Suzanne devint apprentie dans le sur-mesure, le jour, et finisseuse pour Baruch, le soir. Dinah de plus en plus prisonnière de sa surdité compta de plus en plus sur sa fille aînée, et Suzanne devint ainsi la fille qui aide, celle qui lui manqua tant au soir de sa vie.

Comme tous les apprentis, comme je le ferais moi-même à mon tour, elle livrait les commandes pressées. Un jour qu'elle revenait de livraison en courant, à un coin de rue, elle est heurtée par un monsieur en costume trois pièces sur-mesure, courant aussi, coudes au corps, qui la fait chuter. Aussitôt, il se confond en excuses, l'aide à se relever, puis après s'être assuré qu'elle n'a rien de cassé, il reprend sa course.

Une dame chic s'approche alors et demande à Suzanne si elle sait qui l'a aidée à se relever.

– Le monsieur qui m'a fait tomber, répond Suzanne.
– Le monsieur, oui, mais pas n'importe quel monsieur : le président de la République lui-même !

Ne me demandez pas son nom, déjà en ce temps-là les présidents se succédaient sans laisser de traces.

Suzanne aimait raconter cette anecdote, oui, elle en était fière, fière d'avoir été renversée puis relevée par le président de la République.

Dérisoire, dites-vous, ne croyez pas ça. Pour ceux que la nation a rabaissés, le moindre signe de respect que cette nation leur offre, fût-il accidentel, a valeur de reconnaissance.

Bon. Avant de clore tout à fait 14-18, il me faut vous faire un peu de géographie. Je sais, je sais, vous n'aimez pas ça, et avec vos écrans magiques vous n'en avez plus besoin. Mais il y a des lieux qui ne sont pas indiqués sur les écrans d'aujourd'hui. Les Katz, enfin Dinah, Suzanne et les frères, repartent des environs de Brody en 20 ou 21, ils s'arrêtent à Prague chez la Katz aux œufs. À Prague, vous êtes exactement à mi-chemin entre Brody et Paris, et à mi-chemin entre Brody et Prague, si vous tracez une droite en direction de Paris, vous passez dans un village, un shtetele, qui a un nom difficile à prononcer. Cependant, quatre-vingts ans après, toute la planète a appris à le dire : Auschwitz.

Un bourg rempli aux trois quarts de juifs. Les humoristes du temps auraient pu dire – peut-être l'ont-ils dit ? – « ces juifs-là n'ont rien eu à faire pour être les premiers servis ! ».

Quelques mois après ma comparution immédiate devant le tribunal des flagrants délits d'oubli, la patrouille mémorielle m'a recoincé, en pyjama cette fois, dans mon cabinet de toilette, alors que je me lavais les quelques dents qui me restent en écoutant la radio où l'on célébrait avec raison Joseph Kessel pour son œuvre et plus encore pour ses actions héroïques, tant à Londres qu'ailleurs. Or je dois avouer que tout ce qui touche à l'héroïsme, donc à la Résistance, à ceux et celles qui sont morts les armes à la main en criant « Vive Staline et la France ! » m'agite... comment dire, j'ai peur d'en dire trop ou pas assez... m'agace, voilà, m'agace.

À la radio, Kessel en était à la rédaction des paroles du *Chant des partisans* dans un bar de nuit à Londres sous les bombes. Pendant que je me rinçais la bouche en crachant dans le lavabo, *Le Chant des partisans* retentit en russe, chanté par la compositrice, elle-même russe d'origine. J'ai cru que le trouble qui me saisissait était lié au fait que Jacqueline, mon épouse, esquissait un geste dès qu'elle entendait chanter en russe. Elle posait sa main droite ouverte au-dessus de sa poitrine, sous sa gorge, et je me suis surpris dans la glace à esquisser malgré moi le même geste, et sous ma main à peine posée j'ai senti comme une douleur minuscule, là, près du cœur.

Ami entends-tu…, en français cette fois.

Là je me suis vu m'étouffer dans mon gobelet, avant de me mettre à chouiner, tout en riant de me voir si chialant dans ce miroir. Mais c'était plus fort que moi.

Ami, quand tu tombes, un ami sort de l'ombre à ta place…

Chaque mot, chaque note, chaque syllabe me déchirait la fibre. Et je crachais, crachais, crachais mes larmes, tout en me demandant ce qui m'arrivait.

Soudain, oui, soudainement j'ai compris. J'ai compris ce que je n'avais pas voulu ou pas pu comprendre même au plus chaud de mes dix années d'analyse. J'ai compris ce qui m'avait tenu loin de toi, Zacharie : l'héroïsme, l'héroïsme. Ou du moins l'héroïsme comme le concevait la vox populi en ce temps, et sans doute moi aussi.

En 42, en sortant du camp de Compiègne, tu dois partir en zone ex-libre. Tout est arrangé et payé d'avance.

Ta mère te dit : « Ne pars pas mon fils ! »

Suzanne te dit : « Pars ! »

Tu ne pars pas. L'argent fut perdu et Zacharie aussi.
Partir ou ne pas partir, telle était la question.
Mais comment partir en laissant derrière toi ta mère malade, ton père aveugle, et ta femme avec deux enfants dont l'un en bas âge ? Où et comment glisser un brin d'héroïsme entre la question et sa non-réponse ?

Or la planète, après cette faillite de l'humain sur terre, était assoiffée d'héroïsme. Et ce n'étaient pas les quelques survivants, ombres rasant les murs, qui pouvaient étancher cette soif. Quant à tes semblables, ces innombrables disparus élevés au grade de décédés après bien des années et bien des papelards, penser à eux n'était pas non plus un moyen de se désaltérer. Donc à quoi bon leur restituer l'humanité dont on les avait privés pour mieux les rafler avant de les faire voyager dans des wagons à bestiaux sur de la paille bien fraîche, comme Papon l'a précisé à son procès : « Nous vérifiions, mon équipe et moi-même, avant chaque départ de Bordeaux vers Drancy si la paille était fraîche. »

Et puis quoi, ils s'étaient laissé conduire à l'abattoir sans résistance. Cette peur des survivants et ce mépris des disparus ne furent pas que symboliques. Si Suzanne avait réussi à obtenir une pension de veuve de guerre, elle aurait eu droit à un tiers de la pension touchée par une veuve de déporté résistant. Pour que les choses soient plus claires, on avait différencié les « déportés résistants » et les autres, ceux qu'on ne voulait nommer ni « juifs » ni « raciaux » et qu'on avait nommés « déportés politiques ». Si bien que les aveugles, les paralytiques, les enfants de moins de deux ans étaient devenus des « déportés politiques ».

Qu'aurait-il fallu faire pour obtenir un peu d'héroïsme lors de ces rafles à domicile ? Dans le cas de Zacharie, il aurait été bon que l'enfant en bas âge jette à la gueule des briseurs de porte son nounours afin qu'il les mange. Et que Maxime et Zacharie attaquent ensemble les deux gardiens de la paix avec les différents ciseaux de tailleur.

Quant à Naphtali, il aurait suffi qu'il distribue quelques coups de canne blanche sur la tête de ceux qui venaient l'arracher à son lit en y laissant son épouse en proie à une crise de diarrhée aiguë. Il y a quand même des limites à l'exécution de nos missions, on se doit de respecter notre uniforme, non ?

Peu à peu les fils et filles de déportés politiques, des gazés, disons, en sont venus à envier les fils et filles de fusillés qui, eux au moins, étaient morts pour quelque chose : levers des couleurs, sonneries de clairon, remises de médailles, discours déclamés sur les tombes. Papon l'a fait lui-même dans la région de Bordeaux en distribuant des médailles de la Résistance, en tant que représentant délégué du général de Gaulle. Même en Israël, le nouvel et inédit pays des juifs, on ne voulait pas endosser le pyjama rayé. On se voulait juif armes à la main et le « plus jamais ça » prit une tout autre signification, jusqu'à ce que le procès Eichmann fasse éclater la lumière.

Oui, ce qui m'a tenu à distance de toi, Zacharie, c'est qu'inconsciemment sans doute j'attendais que la terre entière, avec le ciel et les étoiles, reconnaisse ta qualité d'homme afin que je puisse te reconnaître à mon tour. Mais tu étais resté désespérément un des six millions et c'était beaucoup trop pour un seul homme encore enfant.

Voilà, il y a tout ça, c'est vrai, mais il y a aussi quelque chose de plus personnel. J'ai eu peur. Oui, je le vois nettement aujourd'hui, je le vois dans la glace, j'ai eu peur. Je scrute mon visage. Reflète-t-il encore cette peur ? Je me dévisage en me disant que toi, tu n'as jamais été aussi vieux que je le suis devenu. Mon visage ne me rappelle pas le tien. Je ne connais que trois photos de toi : une photo de mariage, une photo d'identité, une photo d'atelier bien avant ton mariage. Que des photos posées. Quand je te regarde et que je te cherche dans la glace, c'est Maxime que je vois. C'est lui d'ailleurs qui me servit de père pendant les deux années loin du 34. À lui, qui lui servit de père ?

Revenons à la peur. Si vous avez encore quelques secondes avant d'aller vous coucher, et avant que je me couche moi-même, je veux bien vous raconter à quel point et dans quelles circonstances j'ai eu si peur.

Vers l'âge de quatorze ans, en quittant l'école, je suis devenu apprenti tailleur, pas doué, sauf pour balayer, et encore… Pas doué et sans salaire : un apprenti ça coûte. Le *Joint* (l'*American Jewish Joint Distribution Committee*) me trouva un parrain juif américain, et je recevais de sa part un colis par mois avec un billet de cinq francs pour que je continue mes études.

Maman, en ouvrant le colis, disait toujours : « Mais pourquoi ne nous envoie-t-il que des trucs imbouffables ?! » Mais moi, j'étais fier de lui donner tous les mois les cinq francs dans l'enveloppe du *Joint*.

Le siège du *Joint* se trouvait à Paris, rue Vieille-du-Temple, ou quelque part par là. Un jeudi par mois, j'allais chercher le colis et les cinq francs. Mon patron était au courant. Un jeudi, j'arrive au *Joint* et la dame de l'accueil, qui était en conversation avec une jeune femme brune, belle et mystérieuse, me reçoit en disant à la jeune femme : « Simone, embrasse ce jeune homme, il se nomme Jean-Claude, et il n'a plus son papa. » Ni une ni deux, la jeune femme s'approche et me colle deux gros poutous, un sur chaque joue, puis me sourit et me tourne le dos. J'en reste baba, ça n'était pas tous les jours que ça m'arrivait. Elle s'éloigne. La dame du *Joint* me tend mon enveloppe et mon colis tout en me murmurant à l'oreille : « C'est une survivante d'Auschwitz. » Aussitôt la panique me saisit, mais j'ai les mains prises, je ne peux pas me frotter les joues. Je sors presque en courant, je jette le colis sur le trottoir et je me mets à me frotter les joues de mes deux poings fermés comme si je voulais m'en arracher la peau. Je me frotte, je me frotte, je me frotte, si je m'écoutais je me frotterais encore. Oui, j'ai eu peur, j'ai eu peur que ce soit contagieux. J'ai eu peur d'attraper ta maladie.

Tu vois, c'est la première fois que je te parle, c'est la première fois que je te tutoie, que je fais comme si tu étais mon père, je suis tout près de t'appeler papa. Pourquoi n'ai-je pas pu faire de toi simplement un papa ? Un papa qui aimait jouer aux cartes au café avec ses copains, apatrides d'origine roumaine, que Suzanne n'aimait pas. Un ouvrier – on aimait tellement les ouvriers à l'époque – qui travaillait comme une brute en saison, à domicile, et qui se tournait les pouces en morte-saison, au café. Un brave type qui avant son mariage aimait bouffer un bout de camembert avec une demi-baguette et un ou deux verres de vin rouge, un vrai Parigot du Danube, un rigolo aussi qui aimait rire en lisant *Les Pieds nickelés*.

Oui, il lisait *Les Pieds nickelés*. Maurice Factor, mon cousin, me l'a dit, et Maxime me l'a confirmé. Nous avons nous-mêmes, Maxime et moi, beaucoup aimé *Les Pieds nickelés* et je dois te confier quelque chose que tu ne dois pas répéter : au fil des ans, nous avons créé entre nous, Maxime et moi, une sorte de culte, une liturgie autour de Filochard, Ribouldingue et Croquignol. Et à travers notre amour pour eux, c'était notre amour pour toi que nous exprimions. Ribouldingue, Croquignol, Filochard, nos Rois mages, nos trois prophètes, nos trois anars, nos trois escrocs. Peut-être est-ce ça, l'héritage annoncé ?

Maman, je suis plus vieux que tu ne le fus jamais, et c'est seulement maintenant que je prends conscience de ta solitude et de mon indifférence. Je nous revois à table. Tu viens de servir la soupe aux deux clampins qui te font face, les lunettes plongées dans leurs bouquins respectifs, que tu ne pouvais pas lire.

– Avec qui je cause, moi ? Les murs ou le plafond ? murmures-tu.

Oui, c'était ainsi. Mais je ne dois et ne veux pas clore ce foutu fatras sur une note si morose. Il me faut célébrer ta victoire, ton triomphe sur les deux guerres mondiales. Car tu triomphas ! Je ne sais ni comment ni quand ni où tu trouvas la force en toi d'apprendre à lire. Ou plutôt, ce dont je me souviens, ou crois me souvenir, c'est ce que tu m'en as raconté et que je n'ai sans doute pas écouté avec assez d'attention. Essayons quand même.

Tu fis la connaissance au marché Saint-Quentin d'une dame d'un âge certain, ancienne institutrice, dont le crâne était garni, d'après toi, d'un reste de chignon mauve, et la poitrine ornée d'un minuscule crucifix d'or et d'ivoire. Au fil des jours et des rencontres, après le boulot, tu lui racontas une partie de ta vie. Elle te raconta une partie de la sienne. De fil en aiguille vous avez constaté que, par des voies différentes, vous viviez une même solitude. Et vous vous retrouviez – l'une plus âgée que l'autre, il est vrai – au même endroit. Pour tout dire, vous n'étiez heureuses ni l'une ni l'autre. Elle n'avait pas d'enfants, elle en avait eu entre vingt-cinq et trente pendant des années, et depuis sa retraite elle était seule. Toi, tu avais deux enfants, mais je pense que tu te sentais seule également. Je ne sais pas exactement quand cette rencontre eut lieu. Quoi qu'il en soit, un jour, en évoquant tes malheurs particuliers, tu lui confias que tu ne savais ni lire ni écrire.

– Eh ben si c'est que ça, je vais vous apprendre à lire, mon p'tit.

Et ainsi fut fait. Deux trois fois par semaine après l'atelier, tu courais la rejoindre au marché. Vous faisiez vos courses ensemble, puis en sortant tu la raccompagnais en portant ses filets, tandis qu'elle te faisait lire les enseignes de tous les magasins devant lesquels vous passiez, rue de Chabrol, et peu à peu alentour quand elle te fit passer par d'autres rues.

Et tu lisais : « Charcuterie charentaise », « Boucherie chevaline », « Laiterie creusoise », « Œufs frais ». Tu eus du mal surtout avec « Pharmacie », tu cherchais le « F ». Mais ce que tu préférais lire par-dessus tout, c'était « Boulangerie-Pâtisserie », car tu aimais madame Feilleux, boulangère-pâtissière au coin de la rue de Chabrol et de la rue d'Hauteville, ou bien madame Machefer, boulangère près du marché. C'est chez les Machefer que j'apportais, certains dimanches de fête, un poulet à mettre au four.

Et c'est à madame Feilleux que tu avais choisi, peu avant notre départ à Maxime et moi pour l'ex-zone libre, de confier ton argenterie, rutilant cadeau de noces si précieux à tes yeux, composée d'un ensemble de couverts et couteaux, d'une louche et d'une pelle à tarte, le tout rangé dans un petit coffret d'un bleu nuptial.

– Madame Feilleux, je vous laisse ma ménagère. Si les enfants reviennent et ne me retrouvent pas, ils auront au moins ça pour démarrer dans la vie.

– Allons allons, faut pas voir la vie en noir, madame Maxime, glissa tout doucement madame Feilleux.

Maxime était-il avec toi ? Moi, tu avais dû me laisser à la loge du 34, chez les Maugan. J'imagine que ça a dû pleurer sec chez les Feilleux, au sous-sol, entre les religieuses sans crème et les éclairs au café sans café. Au retour en 45, Maxime eut pour mission de passer chez les Feilleux reprendre le trésor.

– Je ne lui ai même pas dit merci. J'ai pris la boîte et je suis reparti comme un voleur, me confia-t-il, cinquante ans après.

Peu à peu la dame au chignon te fit abandonner les enseignes et te fit lire les affichettes qui étaient nombreuses dans le marché : « Cherche bonne à tout faire, bonnes références, bon salaire », « À céder voiture d'enfant premier âge », « Étudiant prépare au brevet élémentaire, toutes matières plus grec et latin ».

Puis, courant les rues adjacentes, tu recommenças avec les noms de magasins : « Fruits exotiques. Provenance directe de la France d'Outre-mer et d'Afrique équatoriale », « Blanchisserie-teinturerie lavage repassage raccommodage », « Restaurant premier choix 1 étoile ».

Cette étoile dut te faire froid dans le dos.

Je pense que la dame au chignon te fit monter de temps en temps chez elle et qu'elle te confia un livre de lecture : *J'apprends à lire*, *premier âge* ou autre conte pour bébé.

Quoi qu'il en soit, je ne sais au bout de combien de temps, un jour où je m'apprêtais à me rendre à la bibliothèque municipale, tu me demandas de te ramener *Autant en emporte le vent.*

– Pour quoi faire, maman ?
– Pour le lire, tiens !

Et c'est ainsi que j'appris que tu savais lire.

Non non, je ne me souviens pas d'avoir crié « Mazel tov, mazel tov tov tov ! ». Ni même hurlé de joie en apprenant que – je ne sais par quel miracle – tu savais lire. Je ne t'ai même pas embrassée pour ta peine, je n'ai même pas sauté de joie, non, j'ai été à la bibli et j'ai pris un exemplaire d'*Autant en emporte le vent* que j'ai rapporté à la maison et que tu as lu en entier. Seul petit inconvénient, je devais toutes les trois semaines rapporter le livre pour le refaire tamponner par la préposée et prolonger ainsi le prêt encore de trois semaines. La préposée me fit comprendre au bout de quelques mois que ce livre était très demandé, qu'il y avait une liste d'attente.

– Qu'est-ce que tu fiches avec ce bouquin ? Tu l'apprends par cœur ?
– Non, madame.

Je n'ai pas osé lui dire que comme ma maman venait d'apprendre à lire, elle lisait encore un peu lentement. Alors je lui ai dit :

– C'est pour des gens dans mon immeuble.
– Mais tu n'as pas à faire ça pour eux ! Tu dois leur dire qu'ils viennent eux-mêmes ! Qu'ils s'inscrivent ! Et qu'ils se mettent à la queue comme tout le monde !
– Madame, ils ne peuvent pas marcher. Ce sont d'anciens combattants de la guerre 14-18.
– Oh que c'est bien ! Que c'est bien ! Tu les aides !
– Voilà, madame.
– C'est bien, c'est bien.

Elle me caressa même la main qui était encore posée sur *Autant en emporte le vent*. Elle avait un beau sourire et j'étais heureux de lui sourire aussi, tout en sachant qu'une fois debout, sa hanche déformée lui faisait une jambe beaucoup plus courte que l'autre. Au bout d'un peu moins de deux ans, Suzanne me dit qu'elle avait fini *Autant en emporte le vent* et que ça n'était pas mal, que je pouvais le ramener et lui apporter maintenant *Pivoine* de Pearl Buck. Ce livre, *Pivoine*, était très demandé lui aussi. La préposée me fit passer devant les autres – pour les anciens combattants que ne ferait-on pas ! –, *Pivoine* de Pearl Buck était effectivement très lu par toutes les yiddishe mame du quartier, ou même de Paris, ou même du monde entier, car Pearl Buck y décrivait en détail un mariage juif à Shanghai. J'ai lu moi aussi *Pivoine* et après *Pivoine* tous les autres Pearl Buck. Ensuite j'ai essayé de faire lire à maman un livre d'un auteur que j'aimais, Cronin, mais le titre ne l'a pas emballée, et puis je pense qu'avec ces deux livres, elle se sentait assez vengée.

Elle aimait mieux lire les gros titres des journaux. *Franc-Tireur*, *Ce Soir* étaient ses préférés. Plus tard encore, la fréquentation des salles d'attente chez les médecins – qu'elle dut fréquenter assidument – lui permit de découvrir les magazines féminins qui devinrent sa lecture préférée. Je ne l'ai pas suivie longtemps sur ce chemin.

Oui oui, je vous entends, vous vous dites : elle a appris à lire avec l'aide de la dame au chignon mauve, on sait, on sait ce que c'est qu'apprendre à lire, ce n'est pas juste déchiffrer les lettres, il faut comprendre ce qu'on lit quand on lit. Il y a tellement de gens qui pensent savoir lire mais qui ne font que tourner les pages en déchiffrant les lettres sans comprendre. Oui, je sais. Mais je sais aussi que Suzanne comprenait. J'en ai eu la preuve.

Un jour, dans une rue derrière le square Saint-Vincent-de-Paul, près de la gare du Nord, nous nous retrouvons devant la vitrine d'un magasin de confection pour hommes dames et enfants. Nous passions souvent par là, pour aller à la Sécurité sociale par exemple. Mais ce jour-là la vitrine est nue.

Deux pauvres formes quasi humaines, sans tête ni bras ni jambes, se font face dans l'impossibilité de se prendre dans les bras. Elles sont là, seules, abandonnées dans cette vitrine dévastée. Au fond du magasin, en regardant bien dans l'obscurité, on peut apercevoir des vêtements pendant ou prenant la poussière sur des chaises : des nanars. Sur la vitrine, un bandeau annonce la couleur :

« Cessation d'activité. Tout doit disparaître. »

« Tout doit disparaître », articule-t-elle lentement plusieurs fois. Puis une larme coule qu'elle essuie d'un revers de doigt. « Tout doit disparaître », prononcent encore ses lèvres.

Oui, elle savait lire, elle comprenait ce qu'elle lisait.

Tout doit disparaître… C'est à mon tour de m'y faire. Parfois je me surprends à relire les enseignes des magasins disparus où, désormais, même les nouvelles enseignes ont disparu. Les affichettes sur les magasins se sont faites plus brèves. À céder, À vendre, À louer… Pour moi tout a déjà presque disparu, et tout disparaîtra demain, jusqu'aux larmes qui stagnent dans mon œil aveugle qui redeviendront poussière, sable ou cendres.

– Ho ho ! T'arrêtes avec ça ! Tu veux quoi ? Faire chialer le chaland ?

Non non, ça y est, je pose la plume, je lève les bras, je me rends.

Et Yahweh dit à Zacharie :

« Va, va, prophète aimé ! Va annoncer à mes humains que pas plus tard que demain ils pourront de nouveau, heureux et libres, chanter, danser sous les arbres en fleurs, dans les rues et sur les places de ma ville trois fois bénie, parmi leurs enfants courant et jouant sous les yeux de leurs aïeux priant en me célébrant, va, va, va ! »

Zacharie n'entendit pas.

L'eût-il entendu qu'il lui aurait répondu :

« Tes humains ont disparu, les barbares règnent sur la terre et leurs crimes font loi. »

Alors Yahweh qui entend tout, même et surtout ce qu'on ne lui dit pas, porta ses mains qui avaient fait la terre à son front qui l'avait rêvée, et un instant il eut honte, comme vous et moi, comme tout un chacun. Puis il se hissa dans ses merveilleux nuages en murmurant : « Dommage… »

Coucou, me revoilà !

Oui oui, je sais, le livre est fini, mais je profite du sommeil soudain de mon surmoi – serait-ce Maxime qui ronflerait ainsi à mon côté ? – pour descendre discrétos une dernière fois dans la cour du 34. En bas de l'escalier C gît la casquette fatiguée du chef de quai du métro Gare de l'Est. Je me la colle sur le ciboulot, ainsi que Maugan le faisait souvent en me croisant, et aussitôt j'ai l'impression de redevenir l'inspecteur des travaux finis, comme Suzanne me nommait, tout en se demandant, rongée d'inquiétude, si j'étais réellement un feignant ou seulement la moitié d'un.

Pour lui prouver, un peu tard, que je ne suis ni l'un ni l'autre, je remonte au troisième et je me mets à lire mon livre, enfin à le relire – c'est le truc le plus éprouvant dans mon genre de boulot – page à page, et croyez-le ou pas, eh bien, ça m'a pas plu, turlututu chapeau pointu, pas plu du tu. Surtout la fin. Pourquoi ? Triste, triste, trop. Tout doit disparaître, et patin et couffin, les larmes, la poussière, les cendres... Merde enfin, merde !

Surtout que je revenais de Toulouse – Toulouse, pas loin de Moissac, oui oui, je sais, merci. De Toulouse donc où j'avais accompagné Olga qui avait lu magnifiquement, devant deux cent cinquante élèves de tous âges et leurs professeurs, *La Plus Précieuse des marchandises*. Oui, deux cent cinquante élèves bouleversés et pleins de questions. Ensuite, durant deux trois jours, entre Toulouse et Tarbes, Olga, Jean-Pierre son musicien et moi, nous avons rendu visite aux auditeurs dans leurs établissements pour tenter de répondre à leurs questions, et surtout pour les entendre évoquer leur propre passé et leur propre présent.

D'abord je dois préciser que les jeunes que nous avons ainsi rencontrés et avec qui nous avons échangé n'étaient pas du tout, mais pas du tout, comme les jeunes que les médias ne cessent de nous montrer.

Non, ce n'étaient pas des êtres sans foi ni loi. C'étaient des garçons et des filles pleins de projets, de talents, de désirs et d'humour, de connaissances aussi, et de courage. Ils s'intéressaient au passé, au présent, et n'avaient pas peur de l'avenir. Ce dont ils avaient infiniment besoin, c'était de s'exprimer et d'être écoutés, et d'écouter aussi, d'échanger en somme. Je mesure, et m'en étonne, ce que j'ai pu éprouver en échangeant avec eux.

Nous n'avons pas pu répondre à toutes leurs questions, mais eux ont pu répondre à bien des nôtres. À chaque question répondue succédait une nouvelle question. Et ils se sont mis à leur tour à parler de leur passé familial. D'où venaient leurs parents, leurs grands-parents, comme en écho à ce que le conte leur avait raconté. Nous les écoutions, ils nous écoutaient. Oui, ils avaient besoin d'échanger. Et j'ai découvert que nous en avions besoin, nous aussi.

– Ooooh !

– Quoi ?

– Tu grattes encore en pleine nuit ? Le bouquin est fini, t'as dit, allez, dégage, va au pieu !

Non non, ce n'était pas Maxime qui me parlait comme ça.

– J'essaie juste d'arranger un peu la fin.

– C'est pas la fin que tu dois arranger, c'est le début, et le milieu, jamais personne ne lira ça jusqu'à la fin.

Si, c'est peut-être bien Maxime quand même…

– À ton âge, mon vieux, tu dois juste roupiller, pioncer et la fermer.

– Et si tu me chantais une berceuse pour m'aider à m'endormir ? Une de celles que Suzanne n'a jamais eu la chance ou le loisir de me chanter.

– C'est ça, j'vais t'chanter une berceuse !

Ma chandelle est morte
Je n'ai plus de feu
Prête-moi ta plume
Pour écrire un mot.

Et ce fut juste au moment où je fermais les yeux qu'une main aux ongles rouges, usés, avec un doigt couronné d'un dé en fer-blanc doré, glissa sous mon nez une assiette à dessert, dont le fond était recouvert d'une bouillie ovomaltinée, garnie d'une petite cuillère.

Je m'en empare pour écarter la bouillie. Alors apparaît, merveille, la terre, façon planisphère. Peu à peu elle se met à ressembler à un papillon déployant ses ailes sur toute la surface de l'assiette. J'avale la bouillie pour laisser le plus de place possible aux ailes du papillon.

Enfin je prends l'assiette à deux mains et je me mets à la lécher pour la laver. L'assiette s'éclaire, comme inondée de soleil. Je la retourne pour voir d'où elle provient. En ocre sur blanc il est indiqué : « Made in Limoges for the Schister Zin Company, USA ».

C'est alors que mon surmoi surgit, fou de rage, il se saisit de l'assiette et la jette à terre violemment.

Mais le papillon se pose délicatement sur la moquette.

La terre n'est pas près de disparaître, bien qu'elle ne soit pas soutenue par des couverts croisés. Elle est là, bien à plat sur l'épaisse moquette. À Toulouse, à Tarbes, en passant par Montauban et Saint-Gaudens, les jeunes sont là pour s'en saisir et la maintenir en vie.

– Pardon…

– Quoi encore ?

– Juste une seconde…

– T'es qui ? Tu veux quoi ? C'est Maxime qui t'envoie ?

– Non, Suzanne.

– Maman !

– Elle te fait dire de ne pas oublier de dire comment elle s'est trouvée à deux doigts de ne jamais vous revoir.

– À deux doigts ? Attends, c'était en 44, elle sortait d'une minuscule mercerie dressée dans une demi-porte cochère, boulevard Magenta, où elle s'était laissée aller à farfouiller dans des boîtes de boutons dépareillés. À peine a-t-elle son pied sur le trottoir qu'un milicien la chope.

– Stop ! Tes papiers !

– Pourquoi ? Mon étoile est bien cousue, je n'ai rien fait de mal.

– Les youvences doivent faire leurs courses entre quinze heures et seize heures. Il est seize heures seize. Papiers !

– Je fais pas de courses, là, je rentre chez moi, faut bien que je rentre chez moi.

– Ta gueule ! Me force pas à crier ! Sors tes papiers !

Ce milicien était seul, d'habitude les charognards chassaient par paire. Des chalands s'immobilisent autour d'eux. C'est Guignol gratos à deux pas du marché Saint-Quentin. Nous sommes en 44 – le dernier grand convoi partira de Drancy le 31 juillet 1944.

Le milicien, se sentant observé, bombe le torse.

– Tes papiers, nom de Dieu !

Il saisit Suzanne par un bras et la secoue comme pour faire tomber ses papiers. Elle se dégage et fouille dans son sac à main à la recherche de sa carte d'identité. Elle est foutue, elle va pleurer, elle ne nous reverra plus.

Mais au lieu de saisir sa carte, elle lui balance, du bout de son anse, son sac à main en pleine poire et se carapate. Le milicien surpris en perd son béret, il va pour se jeter à sa poursuite mais – nous sommes en 44 – les spectateurs deviennent acteurs et se mettent en travers.

– Qu'est-ce que vous lui voulez à la p'tite dame ? Elle a même pas l'accent youpin, elle est d'chez nous.

– Foutez-lui la paix !

– Tu ferais mieux de cavaler après les grosses légumes du marché noir qui affament le populo !

Et ça continue comme ça tandis que Suzanne court, court… Et quatre-vingts ans après, dans ce livre mille fois fini, je cours avec elle, je cours à ses côtés. Nous tournons dans la rue des Petits-Hôtels, hors d'haleine, elle se jette dans une cour, grimpe tous les étages d'un escalier de service. Là-haut, au septième, il y a un chiotte en travaux, elle s'y glisse. Elle y restera jusqu'à l'heure du lever du couvre-feu, le lendemain matin. Le 34 est à deux pas.

Comment avait-elle eu connaissance de ce chiottard en travaux, je l'ignore.

Elle m'a raconté ça des années après, un dimanche matin, tandis qu'on jouait avec des boutons dépareillés. Elle aimait les boutons dépareillés, et moi je me suis mis à les aimer aussi. Je les sens encore glisser entre nos doigts unis. Oui, à deux doigts.

L'auteur

Jean-Claude Grumberg est l'auteur d'une quarantaine de pièces de théâtre (dont *Demain une fenêtre sur rue*, *Dreyfus*, *L'Atelier*, *Dans le couloir*). Il est aussi l'auteur de pièces de théâtre pour la jeunesse (*Le Petit Violon*, *Marie des grenouilles*, *Pinok et Barbie*, *Le Petit Chaperon Uf*, etc.). L'ensemble de son œuvre théâtrale est édité chez Actes Sud-Papiers.

Il a publié dans « La Librairie du XXIe siècle », aux Éditions du Seuil, *Mon Père. Inventaire*, suivi d'*Une leçon de savoir-vivre* (2003), *Pleurnichard* (2010), *La Plus Précieuse des marchandises. Un conte* (2019), *Jacqueline Jacqueline* (2021) et *De Pitchik à Pitchouk. Un conte pour vieux enfants* (2023).

Jean-Claude Grumberg est également scénariste, pour la télévision et le cinéma. Il est le coscénariste de *La Plus Précieuse des marchandises*, film d'animation réalisé par Michel Hazanavicius, sorti en salles en novembre 2024. À cette occasion a paru dans « La Librairie du XXIe siècle » une version du conte accompagnée de dessins préparatoires originaux de Michel Hazanavicius.

Il a reçu en 2019 le Grand Prix de la Société des gens de lettres pour l'ensemble de son œuvre.

La Librairie du XXIe siècle

Sylviane Agacinski, *Le Passeur de temps. Modernité et nostalgie.*
Sylviane Agacinski, *Métaphysique des sexes. Masculin/féminin aux sources du christianisme.*
Sylviane Agacinski, *Drame des sexes. Ibsen, Strindberg, Bergman.*
Sylviane Agacinski, *Femmes entre sexe et genre.*
Sylviane Agacinski, *Le Tiers-Corps. Réflexions sur le don d'organes.*
Giorgio Agamben, *La communauté qui vient. Théorie de la singularité quelconque*, trad. par Marilène Raiola.
Sébastien Albertelli, Julien Blanc et Laurent Douzou, *La Lutte clandestine en France. Une histoire de la Résistance (1940-1944).*
Anne-Marie Albiach, *La Mezzanine, le dernier récit de Catarina Quia*, préface de Jacques Roubaud.
Henri Atlan, *Tout, non, peut-être. Éducation et vérité.*
Henri Atlan, *Les Étincelles de hasard I. Connaissance spermatique.*
Henri Atlan, *Les Étincelles de hasard II. Athéisme de l'Écriture.*
Henri Atlan, *L'Utérus artificiel.*
Henri Atlan, *L'Organisation biologique et la Théorie de l'information.*
Henri Atlan, *De la fraude. Le monde de l'*onaa.
Marc Augé, *Domaines et Châteaux.*
Marc Augé, *Non-lieux. Introduction à une anthropologie de la surmodernité.*
Marc Augé, *La Guerre des rêves. Exercices d'ethnofiction.*
Marc Augé, *Casablanca.*

Marc Augé, *Le Métro revisité.*

Marc Augé, *Quelqu'un cherche à vous retrouver.*

Marc Augé, *Journal d'un SDF. Ethnofiction.*

Marc Augé, *Une ethnologie de soi. Le temps sans âge.*

Jean-Christophe Bailly, *Le Propre du langage. Voyages au pays des noms communs.*

Jean-Christophe Bailly, *Le Champ mimétique.*

Marcel Bénabou, *Jacob, Ménahem et Mimoun. Une épopée familiale.*

Marcel Bénabou, *Pourquoi je n'ai écrit aucun de mes livres.*

Maurizio Bettini, *Noël. Aux origines de la crèche*, trad. par Pierre Vesperini.

Julien Blanc, *Au commencement de la Résistance. Du côté du musée de l'Homme, 1940-1941.*

Julien Blanc, voir Sébastien Albertelli *et alii.*

R. Howard Bloch, *Le Plagiaire de Dieu. La fabuleuse industrie de l'abbé Migne*, trad. par Pierre-Antoine Fabre.

Remo Bodei, *La Sensation de déjà vu*, trad. par Jean-Pierre Manganaro.

Ginevra Bompiani, *Le Portrait de Sarah Malcolm*, trad. par René de Ceccatty.

Julien Bonhomme, *Les Voleurs de sexe. Anthropologie d'une rumeur africaine.*

Yves Bonnefoy, *Lieux et Destins de l'image. Un cours de poétique au Collège de France (1981-1993).*

Yves Bonnefoy, *L'Imaginaire métaphysique.*

Yves Bonnefoy, *Notre besoin de Rimbaud.*

Yves Bonnefoy, *L'Autre Langue à portée de voix.*

Yves Bonnefoy, *Le Siècle de Baudelaire.*

Yves Bonnefoy, *L'Hésitation d'Hamlet et la Décision de Shakespeare.*

Philippe Borgeaud, *La Mère des dieux. De Cybèle à la Vierge Marie.*

Philippe Borgeaud, *Aux origines de l'histoire des religions.*

Philippe Borgeaud, *La Pensée européenne des religions.*

Jorge Luis Borges, *Cours de littérature anglaise*, trad. et préface Michel Lafon.

Esteban Buch, Trauermarsch. *L'Orchestre de Paris dans l'Argentine de la dictature.*

Claude Burgelin, *Les Mal Nommés. Duras, Leiris, Calet, Bove, Perec, Gary et quelques autres.*

Italo Calvino, *Pourquoi lire les classiques*, trad. par Jean-Pierre Manganaro.

Italo Calvino, *La Machine littérature*, trad. par Michel Orcel et François Wahl.

Paul Celan et Gisèle Celan-Lestrange, *Correspondance.*

Paul Celan, *Le Méridien & autres proses*, édition bilingue, trad. par Jean Launay.

Paul Celan, *Renverse du souffle*, édition bilingue, trad par Jean-Pierre Lefèbvre.

Paul Celan et Ilana Shmueli, *Correspondance*, trad. par Bertrand Badiou, préface d'Ilana Shmueli.

Paul Celan, *Partie de neige*, édition bilingue, trad. par Jean-Pierre Lefebvre.

Paul Celan et Ingeborg Bachmann, *Le Temps du cœur. Correspondance*, trad. par Bertrand Badiou.

Michel Chodkiewicz, *Un océan sans rivage. Ibn Arabî, le Livre et la Loi.*

Antoine Compagnon, *Chat en poche. Montaigne et l'allégorie.*

Hubert Damisch, *Un souvenir d'enfance par Piero della Francesca.*

Hubert Damisch, *CINÉ FIL.*

Hubert Damisch, *Le Messager des îles.*

Hubert Damisch, *La Ruse du tableau. La peinture ou ce qu'il en reste.*

Luc Dardenne, *Au dos de nos images (1991-2005)*, suivi des scénarios de *Le Fils* et *L'Enfant*, par Jean-Pierre et Luc Dardenne.

Luc Dardenne, *Au dos de nos images II (2005-2014)*, suivi des scénarios de *Le Gamin au vélo* et *Deux Jours, une nuit*, par Jean-Pierre et Luc Dardenne.

Luc Dardenne, *Au dos de nos images III (2014-2022)*, suivi des scénarios de *Le Silence de Lorna*, *La Fille inconnue*, *Le Jeune Ahmed* et *Tori et Lokita*, par Jean-Pierre et Luc Dardenne.

Luc Dardenne, *Sur l'affaire humaine.*
Michel Deguy, *À ce qui n'en finit pas.*
Florence Delay, *Il n'y a pas de cheval sur le chemin de Damas.*
Florence Delay, *Zigzag.*
Daniele Del Giudice, *Quand l'ombre se détache du sol*, trad. par Jean-Pierre Manganaro.
Daniele Del Giudice, *L'Oreille absolue*, trad. par Jean-Pierre Manganaro.
Daniele Del Giudice, *Dans le musée de Reims*, trad. par Jean-Pierre Manganaro.
Daniele Del Giudice, *Horizon mobile*, trad. par Jean-Pierre Manganaro.
Daniele Del Giudice, *Marchands de temps*, trad. par Jean-Pierre Manganaro.
Daniele Del Giudice, *Le Stade de Wimbledon*, trad. par René de Ceccatty.
Mireille Delmas-Marty, *Pour un droit commun.*
Jean-Paul Demoule, *Mais où sont passés les Indo-Européens ? Le mythe d'origine de l'Occident.*
Marcel Detienne, *Comparer l'incomparable.*
Marcel Detienne, *Comment être autochtone. Du pur Athénien au Français raciné.*
Donatella Di Cesare, *Heidegger, les Juifs, la Shoah. Les* Cahiers noirs, trad. par Guy Deniau.
Milad Doueihi, *Histoire perverse du cœur humain*, trad. par Pierre-Antoine Fabre.
Milad Doueihi, *Le Paradis terrestre. Mythes et philosophies.*
Milad Doueihi, *La Grande Conversion numérique*, trad. par Paul Chemla.
Milad Doueihi, *Solitude de l'incomparable. Augustin et Spinoza.*
Milad Doueihi, *Pour un humanisme numérique.*
Laurent Douzou, voir Sébastien Albertelli *et alii.*
Jean-Pierre Dozon, *La Cause des prophètes. Politique et religion en Afrique contemporaine*, suivi de *La Leçon des prophètes* par Marc Augé.

Pascal Dusapin, *Une musique en train de se faire*.

Brigitta Eisenreich, avec Bertrand Badiou, *L'Étoile de craie. Une liaison clandestine avec Paul Celan*, trad. par Georges Felten.

Uri Eisenzweig, *Naissance littéraire du fascisme*.

Uri Eisenzweig, *Le sionisme fut un humanisme*.

Norbert Elias, *Mozart. Sociologie d'un génie*, trad. par Jeanne Étoré et Bernard Lortholary.

Norbert Elias, *Théorie des symboles*, trad. par Marie-Blanche et Damien Guillaume Audollent.

Norbert Elias, *Les Allemands. Luttes de pouvoir et développement de l'habitus aux XIXe et XXe siècles*, trad. par Marc de Launay et Marc Joly.

Rachel Ertel, *Dans la langue de personne. Poésie yiddish de l'anéantissement*.

Arlette Farge, *Le Goût de l'archive*.

Arlette Farge, *Dire et mal dire. L'opinion publique au XVIIIe siècle*.

Arlette Farge, *Le Cours ordinaire des choses dans la cité du XVIIIe siècle*.

Arlette Farge, *Des lieux pour l'histoire*.

Arlette Farge, *La Nuit blanche*.

Lisa Fittko, *Le Chemin Walter Benjamin*, trad. par Léa Marcou, précédé de *Le Présent du passé*, par Edwy Plenel.

Alain Fleischer, *L'Accent, une langue fantôme*.

Alain Fleischer, *Le Carnet d'adresses*.

Alain Fleischer, *Réponse du muet au parlant. En retour à Jean-Luc Godard*.

Alain Fleischer, *Sous la dictée des choses*.

Lydia Flem, *L'Homme Freud*.

Lydia Flem, *Casanova ou l'Exercice du bonheur*.

Lydia Flem, *La Voix des amants*.

Lydia Flem, *Comment j'ai vidé la maison de mes parents*.

Lydia Flem, *Panique*.

Lydia Flem, *Lettres d'amour en héritage*.

Lydia Flem, *Comment je me suis séparée de ma fille et de mon quasi-fils*.

Lydia Flem, *La Reine Alice*.

Lydia Flem, *Discours de réception à l'Académie royale de Belgique*, accueillie par Jacques de Decker, secrétaire perpétuel.
Lydia Flem, *Je me souviens de l'imperméable rouge que je portais l'été de mes vingt ans.*
Lydia Flem, *La Vie quotidienne de Freud et de ses patients*, préface de Fethi Benslama.
Lydia Flem, *Paris Fantasme.*
Lydia Flem, *Bouche bavarde oreille curieuse.*
Lydia Flem, *Que ce soit doux pour les vivants.*
Nadine Fresco, *Fabrication d'un antisémite.*
Nadine Fresco, *La Mort des juifs.*
Françoise Frontisi-Ducroux, *Ouvrages de dames. Ariane, Hélène, Pénélope…*
Françoise Frontisi-Ducroux, *Arbres filles et Garçons fleurs. Métamorphoses érotiques dans les mythes grecs.*
Marcel Gauchet, *L'Inconscient cérébral.*
Hélène Giannecchini, *Une image peut-être vraie. Alix Cléo Roubaud*, postface de Jacques Roubaud.
Hélène Giannecchini, *Voir de ses propres yeux.*
Hélène Giannecchini, *Un désir démesuré d'amitié.*
Jack Goody, *La Culture des fleurs*, trad. par Pierre-Antoine Fabre.
Jack Goody, *L'Orient en Occident*, trad. par Pierre-Antoine Fabre.
Anthony Grafton, *Les Origines tragiques de l'érudition. Une histoire de la note en bas de page*, trad. par Pierre-Antoine Fabre.
Jean-Claude Grumberg, *Mon père. Inventaire*, suivi de *Une leçon de savoir-vivre.*
Jean-Claude Grumberg, *Pleurnichard.*
Jean-Claude Grumberg, *La Plus Précieuse des marchandises. Un conte.*
Jean-Claude Grumberg, *Jacqueline Jacqueline.*
Jean-Claude Grumberg, *De Pitchik à Pitchouk. Un conte pour vieux enfants.*
Jean-Claude Grumberg, *La Plus Précieuse des marchandises. Un conte*, dessins de Michel Hazanavicius.
Jean-Claude Grumberg, *Quand la terre était plate.*

François Hartog, *Régimes d'historicité. Présentisme et expériences du temps*.

Michel Hazanavicius, *La Plus Précieuse des marchandises*, dessins. Un conte de Jean-Claude Grumberg.

Daniel Heller-Roazen, *Écholalies. Essai sur l'oubli des langues*, trad. par Justine Landau.

Daniel Heller-Roazen, *L'Ennemi de tous. Le pirate contre les nations*, trad. par Françoise et Paul Chemla.

Daniel Heller-Roazen, *Une archéologie du toucher*, trad. par Paul Chemla.

Daniel Heller-Roazen, *Le Cinquième Marteau. Pythagore et la dysharmonie du monde*, trad. par Paul et Françoise Chemla.

Daniel Heller-Roazen, *Langues obscures. L'art des voleurs et des poètes*, trad. par Paul et Françoise Chemla.

Ivan Jablonka, *Histoire des grands-parents que je n'ai pas eus. Une enquête.*

Ivan Jablonka, *L'histoire est une littérature contemporaine. Manifeste pour les sciences sociales.*

Ivan Jablonka, *Laëtitia ou la Fin des hommes.*

Ivan Jablonka, *En camping-car.*

Ivan Jablonka, *Un garçon comme vous et moi.*

Ivan Jablonka, *Goldman.*

Roman Jakobson/Claude Lévi-Strauss, *Correspondance. 1942-1982*, préface d'Emmanuelle Loyer et Patrice Maniglier.

Jean Kellens, *La Quatrième Naissance de Zarathushtra. Zoroastre dans l'imaginaire occidental.*

Nicole Lapierre, *Sauve qui peut la vie.*

Marc de Launay, *Nietzsche et la race.*

Jacques Le Brun, *Le Pur Amour de Platon à Lacan.*

Jacques Le Brun, *Dieu, un pur rien. Angelus Silesius, poésie, métaphysique et mystique.*

Jacques Le Goff, *Faut-il vraiment découper l'histoire en tranches ?*

Jean Levi, *Les Fonctionnaires divins. Politique, despotisme et mystique en Chine ancienne.*

Jean Levi, *La Chine romanesque. Fictions d'Orient et d'Occident.*

Claude Lévi-Strauss, *L'Anthropologie face aux problèmes du monde moderne.*

Claude Lévi-Strauss, *L'Autre Face de la lune. Écrits sur le Japon*, préface de Junzo Kawada.

Claude Lévi-Strauss, *Nous sommes tous des cannibales.*

Claude Lévi-Strauss, *« Chers tous deux ». Lettres à ses parents, 1931-1942.*

Claude Lévi-Strauss, *Le Père Noël supplicié.*

Claude Lévi-Strauss, *Anthropologie structurale zéro*, préface de Vincent Debaene.

Claude Lévi-Strauss, *Peintures caduveo. Suppléments à* Tristes Tropiques, avant-propos de Monique Lévi-Strauss, postface de Michel Pastoureau.

Claude Lévi-Strauss/Roman Jakobson, *Correspondance. 1942-1982*, préface d'Emmanuelle Loyer et Patrice Maniglier.

Monique Lévi-Strauss, *Une enfance dans la gueule du loup.*

Nicole Loraux, *Les Mères en deuil.*

Nicole Loraux, *Né de la Terre. Mythe et politique à Athènes.*

Nicole Loraux, *La Tragédie d'Athènes. La politique entre l'ombre et l'utopie.*

Patrice Loraux, *Le Tempo de la pensée.*

Sabina Loriga, *Le Petit x. De la biographie à l'histoire.*

Charles Malamoud, *Le Jumeau solaire.*

Charles Malamoud, *La Danse des pierres. Études sur la scène sacrificielle dans l'Inde ancienne.*

François Maspero, *Des saisons au bord de la mer.*

Fabio Morábito, *À chacun son ciel. Anthologie poétique (1984-2019)*, édition bilingue, trad. par Fabienne Bradu, précédé de *Morábito poète orphique*, par Martin Rueff.

Marie Moscovici, *L'Ombre de l'objet. Sur l'inactualité de la psychanalyse.*

Romain Noël, *La Grande Conspiration Affective. Un thriller théorique.*

Maurice Olender, *Un fantôme dans la bibliothèque.*

Nicanor Parra, *Poèmes et Antipoèmes* et *Anthologie (1937-2014)*, édition bilingue, trad. par Bernard Pautrat (et Felipe Tupper), préface de Philippe Lançon.

Michel Pastoureau, *L'Étoffe du diable. Une histoire des rayures et des tissus rayés.*

Michel Pastoureau, *Une histoire symbolique du Moyen Âge occidental.*

Michel Pastoureau, *L'Ours. Histoire d'un roi déchu.*

Michel Pastoureau, *Les Couleurs de nos souvenirs.*

Michel Pastoureau, *Le Roi tué par un cochon. Une mort infâme aux origines des emblèmes de la France ?*

Michel Pastoureau, *Une couleur ne vient jamais seule. Journal chromatique, 2012-2016.*

Michel Pastoureau, *Dernière Visite chez le roi Arthur. Histoire d'un premier livre.*

Vincent Peillon, *Une religion pour la République. La foi laïque de Ferdinand Buisson.*

Vincent Peillon, *Éloge du politique. Une introduction au XXIe siècle.*

Vincent Peillon, *Liberté, Égalité, Fraternité. Sur le républicanisme français.*

Georges Perec, *l'infra-ordinaire.*

Georges Perec, *Vœux.*

Georges Perec, *Je suis né.*

Georges Perec, *Cantatrix sopranica L. et autres écrits scientifiques.*

Georges Perec, *L. G. Une aventure des années soixante.*

Georges Perec, *Le Voyage d'hiver.*

Georges Perec, *Un cabinet d'amateur.*

Georges Perec, *Beaux Présents Belles Absentes.*

Georges Perec, *Penser/Classer.*

Georges Perec, *Le Condottière*, préface de Claude Burgelin.

Georges Perec, *L'Attentat de Sarajevo*, préface de Claude Burgelin.

Georges Perec, *Espèces d'espaces*, postface de Jean-Luc Joly.

Georges Perec, *Lieux.*

Georges Perec, *Jeux.*

Georges Perec/OuLiPo, *Le Voyage d'hiver & ses suites*, postface de Jacques Roubaud.

Cristina Peri Rossi, *Babel barbare et autres poèmes*, édition bilingue, trad. par Stéphane Chaumet et Katia-Sofia Hakim.

Catherine Perret, *L'Enseignement de la torture. Réflexions sur Jean Améry.*

Catherine Perret, *Le Tacite, l'Humain. Anthropologie politique de Fernand Deligny.*

Michelle Perrot, *Histoire de chambres.*

Michelle Perrot, *George Sand à Nohant. Une maison d'artiste.*

Denis Podalydès, *Les nuits d'amour sont transparentes. Pendant* La Nuit des rois.

Denis Podalydès, *En jouant, en écrivant. Molière & Cie.*

J.-B. Pontalis, *La Force d'attraction.*

Jean Pouillon, *Le Cru et le Su.*

Jérôme Prieur, *Roman noir.*

Jérôme Prieur, *Rendez-vous dans une autre vie.*

Jérôme Prieur, *La Moustache du soldat inconnu.*

Jérôme Prieur, *Regarder et ne pas voir. Louis Gillet, un témoin au cœur des années sombres (1936-1943).*

Jacques Rancière, *Courts Voyages au pays du peuple.*

Jacques Rancière, *Les Noms de l'histoire. Essai de poétique du savoir.*

Jacques Rancière, *La Fable cinématographique.*

Jacques Rancière, *Chroniques des temps consensuels.*

Jacques Rancière, *Les Bords de la fiction.*

Jacques Rancière, *Les Voyages de l'art.*

Amos Reichman, *Jacques Schiffrin, un éditeur en exil. La vie du fondateur de la « Pléiade »*, préface de Robert O. Paxton.

Jean-Michel Rey, *Paul Valéry. L'aventure d'une œuvre.*

Jacqueline Risset, *Puissances du sommeil.*

Jean-Loup Rivière, *Le Monde en détails.*

Denis Roche, *Dans la maison du Sphinx. Essais sur la matière littéraire.*

Olivier Rolin, *Suite à l'hôtel Crystal.*

Olivier Rolin & Cie, *Rooms.*

Charles Rosen, *Aux confins du sens. Propos sur la musique*, trad. par Sabine Lodéon.

Israel Rosenfield, *« La Mégalomanie » de Freud*, trad. par Lydia Flem.

Pierre Rosenstiehl, *Le Labyrinthe des jours ordinaires.*

Paul-André Rosental, *Destins de l'eugénisme.*

Jacques Roubaud, *Poétique. Remarques. Poésie, mémoire, nombre, temps, rythme, contrainte, forme, etc.*

Jacques Roubaud, *Peut-être ou la Nuit de dimanche (brouillon de prose). Autobiographie romanesque.*

Jean-Frédéric Schaub, *Oroonoko, prince et esclave. Roman colonial de l'incertitude.*

Jean-Frédéric Schaub, *Pour une histoire politique de la race.*

Francis Schmidt, *La Pensée du Temple. De Jérusalem à Qoumrân.*

Jean-Claude Schmitt, *La Conversion d'Hermann le Juif. Autobiographie, histoire et fiction.*

Alain Schnapp, *Une histoire universelle des ruines. Des origines aux Lumières.*

Michel Schneider, *La Tombée du jour. Schumann.*

Michel Schneider, *Baudelaire. Les années profondes.*

Jean Schwœbel, *La Presse, le Pouvoir et l'Argent*, préface de Paul Ricœur, avant-propos d'Edwy Plenel.

David Shulman, Velcheru Narayana Rao et Sanjay Subrahmanyam, *Textures du temps. Écrire l'histoire en Inde*, trad. par Marie Fourcade.

David Shulman, *Ta'ayush. Journal d'un combat pour la paix. Israël-Palestine, 2002-2005*, trad. par Tiphaine Samoyault, préface de Charles Malamoud.

David Shulman, *Un si sombre espoir. Sur les collines du sud d'Hébron. Ta'ayush II, 2007-2017*, trad. par Michèle Hechter, préface de Maurice Olender.

Jean Starobinski, *Action et Réaction. Vie et aventures d'un couple.*

Jean Starobinski, *Les Enchanteresses*, dessins de Karl-Ernst Herrmann.

Jean Starobinski, *L'Encre de la mélancolie*, postface de Fernando Vidal.

Jean Starobinski, *Le Corps et ses raisons*, précédé de *Que la raison*, par Martin Rueff.

Jean Starobinski, *Montesquieu*, précédé de *Le travail de l'œuvre Montesquieu et la politique de Jean Starobinski*, par Martin Rueff.

Anne-Lise Stern, *Le Savoir-Déporté. Camps, histoire, psychanalyse*, précédé de *Une vie à l'oeuvre* par Nadine Fresco et Martine Leibovici.

Antonio Tabucchi, *Les Trois Derniers Jours de Fernando Pessoa. Un délire*, trad. par Jean-Paul Manganaro, dessins de Júlio Pomar.

Antonio Tabucchi, *La Nostalgie, l'Automobile et l'Infini. Lectures de Pessoa*, suivi de « De la cardiopathie de Fernando Pessoa », trad. par Bernard Comment.

Antonio Tabucchi, *Autobiographies d'autrui. Poétiques* a posteriori, trad. par Lise Chapuis et Bernard Comment.

Emmanuel Terray, *La Politique dans la caverne.*

Emmanuel Terray, *Une passion allemande. Luther, Kant, Schiller, Hölderlin, Kleist.*

Emmanuel Terray, *Mes anges gardiens*, précédé d'*Emmanuel Terray l'insurgé*, par Françoise Héritier.

Camille de Toledo, *Le Hêtre et le Bouleau. Essai sur la tristesse européenne*, suivi de *L'Utopie linguistique ou la Pédagogie du vertige.*

Camille de Toledo, *Vies pøtentielles.*

Camille de Toledo, *Oublier, trahir, puis disparaître.*

Peter Trawny, *Heidegger. Une introduction critique*, trad. par Marc de Launay.

César Vallejo, *Poèmes humains* et *Espagne, écarte de moi ce calice*, édition bilingue, trad. par François Maspero et préface de Jorge Semprun.

Jean-Pierre Vernant, *Mythe et Religion en Grèce ancienne.*

Jean-Pierre Vernant, *Entre mythe et politique I.*

Jean-Pierre Vernant, *L'Univers, les Dieux, les Hommes. Récits grecs des origines.*

Jean-Pierre Vernant, *La Traversée des frontières. Entre mythe et politique II.*

Ida Vitale, *Ni plus ni moins*, édition bilingue, trad. par Silvia Baron Supervielle et François Maspero, introduction de Silvia Baron Supervielle.

Nathan Wachtel, *Dieux et Vampires. Retour à Chipaya.*

Nathan Wachtel, *La Foi du souvenir. Labyrinthes marranes.*

Nathan Wachtel, *La Logique des bûchers.*

Nathan Wachtel, *Mémoires marranes. Itinéraires dans le* sertão *du Nordeste brésilien.*

Catherine Weinberger-Thomas, *Cendres d'immortalité. La crémation des veuves en Inde.*

Natalie Zemon Davis, *Juive, Catholique, Protestante. Trois femmes en marge au XVIIe siècle*, trad. par Angélique Levi.

Direction éditoriale : Christine Marcandier
Coordination : Sophie Tarneaud
Préparation de copie : Patricia Duez
Correction : Marie-Pierre Prudon
Responsable de fabrication : Solal Dreyfus
Graphiste : Éric Deleporte
Relations presse : Caroline Gutmann et Céleste Havez
Relations libraires : Juliette Plé

RÉALISATION : NORD COMPO À VILLENEUVE-D'ASCQ
IMPRESSION : IMPRIMERIE NORMANDIE ROTO IMPRESSION
DÉPÔT LÉGAL : JANVIER 2025. N° 157870 (2404447)
IMPRIMÉ EN FRANCE